U0043526

創河
美學與創新的交匯

Sensitivity & Sensibility

Influx of Culture and Creativity

溫肇東、蔡淑梨——著

國立政治大學
創新與創造力研究中心
Center for Creativity and Innovation Studies

遠流出版公司

目錄

「創河」的顯性與隱性價值

朱宗慶（國立臺北藝術大學講座教授）

文化是生活的累積，是創意的泉源，再透過藝術的淬煉，以不同的載體和表達方式，引發心靈的觸動。可以說，生活、文化、創意、藝術乃至美學，彼此環環相扣，關係密不可分，一如「創河」這個意念想傳達的內含──創意涓滴所匯聚的文化長河，源遠長流。深厚紮實的文化底蘊以及文化核心的「原創性」，是發展「文創」的基礎和養分，它使得文化創意產業長久存續，也讓文化創意得以為其他產業帶來「加值」。

近年來，與「文創」相關的議題成為顯學，不但政府將文化創意產業列入重點產業之一，民間各界也紛紛意識到文創的龐大潛力，期待借由文創產業的發展，能夠創造新的願景與價值，為社會注入新的活力和能量。儘管在談論這個話題時，對於「文化」、「創意」、「產業」三者的內涵，各有不同的解讀和切入點，但在我看來，作為文化源頭的核心藝術創作與展演，實扮演了領頭羊的角色，無論如何都是重要的「初衷」。

過去，大家對於有形的、直接的、現在的「顯性」價值較為重視，卻忽略了無形的、間接的、未來的「隱性」價值，然而，要提升台灣未來發展的總體價值，勢必需以隱性價值的創造，來突破目前已面臨成長瓶頸的顯性價值。就文創議題而言，豐富多元的源頭，即是

激盪創新、滿足創意需求、形塑未來可能性、開創隱性價值的最佳管道。

本書作者溫肇東、蔡淑梨教授，在研發創業、行銷策略、經營管理的學術與實務界，皆擁有豐富經驗和深厚素養。從實務操作到理論基礎，溫教授和蔡教授不但持續在經營與管理方面實踐理想，並親身投入創新教學、執行系列計畫，許多的論壇和會議場合上，更可見到兩位教授積極參與的身影。《創河》一書，匯集了兩位教授近年來對相關議題的觀察和見解，其中有許多寶貴的意見，值得有志之士參考。

閱讀溫教授與蔡教授的文章，除了可見其對美學與創新的顯性價值有所闡述和彰顯外，還可感受到兩位作者對於文創源頭和文化核心等隱性價值的尊重與看重，這是我認為十分難能可貴之處。非常期待透過溫教授與蔡教授兼具實務與理論的耕耘，能夠提升「創河」的顯性與隱性價值，為台灣社會創造出永續發展的總體價值！

文化價值的思辯之旅

蘇麗媚（夢田文創執行長）

　　創意來自於敏銳的觀察，文化則是生活智慧的積累；當身處於科技高度變化的時代中，文化與創意逐漸被價格化成為「產品」，形成經濟規模便有了產值計算，而到現在所謂的「文化創意產業」。當「文化、創意與產業」三個獨立單詞轉譯成「文化創意產業」時，社會需要更多在「價格」和「價值」間的溝通與理解，找到一種互相包容的平衡。

　　溫教授在企業沙場征戰多年，蔡教授在行銷、策略與流行時尚的專業獨到，兩人富涵學者的宏觀思維，橫跨產、學之間，理論、實務兼具，對於文化、美學、設計及創意領域的觀察，見解獨特關鍵，這十多年應邀撰短文、寫專欄從未間斷，不僅見證台灣這十年間「文化與創意」領域發展脈絡，更具有前瞻性的創新論點，在今天文化創意產業價值觀的革命歷程中，兩人扮演了極其重要的論述地位。

　　以書中第一章「啟動文創的引擎」中最後一篇〈小而精美的創意感動〉的追記所言：「當我們地球已經千瘡百孔，不可能再有第二個地球時，我們的思維與價值觀能否有所轉變，我們能否不一定要追求弔詭的企業不斷成長定律……？」我非常喜歡這段追記提出的思辯，高度的科技現代化讓人以為那才叫文明？果真如此嗎？也許我們應該盡可能去修補我們原來的樣子，往回走，才真正理解人存在的價值。

　　在閱讀溫教授文章的過程中，也思考著如何在全球化思維中突破重圍找回台灣的獨特性，不斷回望、反思產業原型、社會樣態，什麼才是台灣真正的優勢？如同第五章中〈發言權 取決溝通世界的能力〉一篇所言，台灣引領華流文化的魅力價值，以及獨特生活風格的書店樣貌，皆是無可取代的原創能量。而這些難能可貴的「台灣經驗」透過跨領域、跨平台、跨產業串起鏈結，便將形成台灣溝通世界的集體價值。

　　拉開時間軸，書中收錄五十餘篇文章，從表演藝術到設計美學，從創意生活到社區營造，每段篇章深入淺出，國內、外案例彼此映照，提出更多檢討與探問，最令我尊敬的是溫教授和蔡教授兩人，在許多文章中為每一位讀者尊重地留下更多「空白」，讓讀者有了孕蘊思考的機會，參與辯證台灣構築「文化長河」的現在與未來。我非常樂意為這本書做推薦，就如同我創辦「夢田文創」的初衷；「說好故事並支持所有讓社會文明和思想更美好的夢想！」也希望讀者都能自其中有所獲得。

接下來的事情，就交給你們了！

吳漢中（2016 台北世界設計之都辦公室執行長）

　　如人生一般，有些書，要從後面倒敘，會比開場的序言更精彩。如這本開場以小河流比喻大文明源起的《創河》一書，在最後一篇文章〈一群勇敢追夢的台灣年輕人〉中的最後一句，期許年輕人從知道到「做到」，反而道盡作者的心情。兩位加起來近一百二十歲的人生經驗，希望是年輕人二十歲就懂的事情，那麼台灣未來就能看得見希望。

　　鄭重推薦這本書的原因，是我從書本中悟出，給新世代最深的期許，也就是「孩子，接下來的事情，就交給你們了！」而在此之前，你們要了解三件事情。

　　面對未來的挑戰，首先要學會看得懂這本書。但這不是一件容易的事情，不論是對於人文或管理領域的讀者都是苦差事，因為要讀懂聯合國教科文組織為何把和食列為無形文化遺產，哈佛競爭力大師波特談的競爭優勢和義大利國家競爭力有何異同，要同時左右腦思考並不容易。

　　溫老師在人生中有機會結合理論與實務，他曾是端過盤子送貨的餐飲集團總經理，而今成為一流管理學院的創新導師。書上文章字面文字讀得懂不難，但要入味看人生需要下功夫。如果每一位經理人或商學院教授，都能夠談文化，又能夠談管理，並落實到每天的專業

中，那麼就沒有「真假文創」的爭議。

第二件要懂的事情，則是這本書跨了許多領域，從文創談到設計管理，從美學談到美食，但最重要的一個基礎，不是如何跨界，而是如何深化一門學問，不是追求一門最流行的文創學問，而是把一門最基礎的學問弄好。T 型人，不只是大學教授的呼籲，而是 IDEO 及 McKinsey 看待人才的角度。

能夠給予設計專業靈魂的，是深厚的心理學或人類學，能夠讓管理帶來改變的，最有潛力的專業是社會學與哲學，不要因為主流的跨界價值，就追求在當下看似最流行，但卻無法經典雋永的專業，而失去了紮實做好一門學問的機會。

或許你很難想像，我和作者溫老師第一次請益談拙著《美學 CEO》，他劈頭就問我科技史大師 Henry Petroski 的事情，談鄉土文學作家前輩黃春明老師。和蔡老師上一通電話裡討論的，是設計學院的人文社會教育。打底子，比趕流行重要。

第三件事情，則是找到你內心裡熱情的老靈魂，並持之以恆，這最難。讀者也許意想不到，這位滿頭白髮的智者，年輕時是初中泡在文星書店，高中加入「建中青年社」挑戰禁忌的文青。原來這十多年來，作者接近百本書評書介，以及超過三百篇專欄文章，就是這樣子

從年輕到老，數十萬個小時練出來的。在了解溫老師的《左派商學院》之前，我們更需要理解《創河》中的人文、美學與設計創新。

在閱讀這本書的同時，也是我接下 2016 台北世界設計之都任務的第一個月，書本中的評論，也讓我更能夠看清楚未來的挑戰，重新思考世界設計之都，不只是一場全球的「設計活動」，而是能夠在台灣深化的「社計運動」，成為用設計改變台灣城市企業、社會與文化的運動。

把時間拉長來看，如第一篇文章〈蘭陵 30 與誠品 20 說起〉，用一個十年以上的文化願景，來思考我們正在做的事情。如果說 1990年代是社區的時代，2000 年間則是設計的時代，那麼面對未來，則期許是「社計」的時代。

文創產業的觀察洞見

劉維公（東吳大學社會學系副教授）

　　收到溫肇東與蔡淑梨兩位老師寄來的新作《創河》，我馬上一鼓作氣的讀完整本書。之所以能夠如此吸引我，是因為這本書的內容可以說是台灣近十年的文創產業觀察報告，具有相當高的參考價值。就時序上來看，本書所收錄的第一篇文章是 2005 年 8 月的〈時尚與科技共舞〉，最後一篇則是 2014 年 8 月的〈文創育成的新風貌〉。兩位老師用他們的文章，記錄了台灣新興產業的發展歷程。

　　在 2002 年，台灣開始以國家重點發展計畫的位階，去推動全球興盛的文創產業。發展至今，根據行政院「2014 年台灣文化創意產業發展年報」的資料，我們的文創產業整體營業額在 2013 年為 7,759 億元，相較於 2002 年的 4,353 億元，成長了 78%。在這十一年間，雖然在 2009 年與 2012 年曾出現過兩次負成長衰退的情形，但台灣文創產業的平均年成長率高達 7%，對比於同時期整體經濟平均年成長率的 3% 左右，文創產業的表現相當突出。

　　為了讓讀者能夠更充分體會到文創產業對我國經濟發展的貢獻，我認為有必要將與文創產業息息相關的觀光產業產值數據提出來供作參考。同樣根據交通部觀光局官方的統計資料，2013 年觀光總收入（包含國人國內旅遊收入與來台遊客外匯收入）為 6,389 億元。交通部觀光局曾針對國際觀光客與國人旅遊的動機做過調查，相關的報告

都顯示，30% 左右的遊客表示，文化體驗是他們在台灣旅遊的動機，以及具體的旅遊活動。以此一調查做推估，再加上原本的文創產業年報資料，基本上我們可以說，台灣文創產業是已經達到一兆以上規模的產業項目。

我之所以引用上述相關的數據，是因為想打破外界對於台灣文創產業的刻板印象。我們常看到媒體的報導，用「小確幸」去形容台灣的文創風潮；也常聽到產業大老發表看法，認為文創產業「格局小」，無法在台灣經濟發展上扮演關鍵角色。然而，事實上，文創產業在台灣不僅穩健的成長，而且同時不斷在擴大其影響力。

在《創河》這本新書即將發行的時刻，台灣正好發生文創園區的爭議。產業發展的政策陷入惡質與理盲的政客口水戰之中。此一事件凸顯出來，不少人對文創產業充滿誤解，用許多似是而非的意見扭曲產業發展的事實。《創河》的出版正是時候，希望能夠將議題的討論拉回到專業的領域。

一旦人們仔細閱讀這本書的內容，將會發現到台灣文創產業的珍貴價值。有時候，兩位作者以說書人的角度，講述讓人熱血澎湃的文創故事，有時候則是恢復到學者的專業身份，論證企業的商業經營模式。文創產業的核心發展議題，例如人才培育、創新創業、創意生

態、跨界媒合、生活價值、美感體驗、品牌經營等,本書都提出令人深思的看法。

　　我個人非常喜歡本書將〈一群勇敢追夢的台灣年輕人〉作為最後一篇文章,因為它讓人體會到產業發展的長遠意涵。現今台灣文創產業的發展確實還不夠成熟,仍有許多需要改善進步的空間。但我對此一產業的發展非常有信心,原因就是在於一直有一群充滿理想與熱情的人投入到文創產業。他們的堅持執著,是台灣文創產業最強大的原動力。

　　台灣的文創產業,值得也應該得到人們更多的支持!

織夢 / 築夢 / 創建未來

劉本謙（依洛 *i*ROO 國際開發董事長）

　　樂見蔡淑梨老師與溫肇東老師合作，集結散見《經理人月刊》等各大知名專欄的重要文章，鑄成《創河──美學與創新的交匯》一書，視野豐富涵蘊多元。我與淑梨老師的因緣際會來自天下遠見 2011 年對快速時尚 ZARA 的專訪，當天下遠見進行跨國採訪大動作時，淑梨老師建議總編輯應回頭看看國內的快速時尚的發展，因為淑梨老師在 2000 年就開始進行敝公司（*i*ROO）的研究，自此之後相知相惜，也多次受邀到系上演講，進行多元的建教合作，包括學生的實習、人才的進用，以及對系上設備、環境改善的贊助等等，都是因為看到輔大和淑梨老師對織品服裝業界培育人才的熱忱，這是學生之福，也是業界能持續發展創新的重要泉源。

　　書中〈實踐美學的創新理念〉一文提及全球最著名的管理學大師 Tom Peters 所言「不創新，就死亡」，此語已從死亡預言轉變成再生之道。台灣面臨產業轉型與人心思變的全面轉型時刻，由為人作嫁的製造業轉變成自立自新的文創業，紛紛興起的各式新設事業無不印證溫肇東與蔡淑梨博士編撰此書的獨特觀點。偉大的創新並非凌空而現，多來自深刻的體察、大無畏的想像力與奮力一搏的決心。掌握〈知識經濟時代的創業契機〉，發揮〈城市風格需要旺盛的企圖心〉，結合〈創意來自生活脈絡〉，當是台灣社會邁向文創未來的重要課題

與思維。

　　依洛（*i*ROO）品牌自 1999 成立迄今，面對多變的市場，品牌之路走來艱辛，其中最困難的事情是「堅持」，十五年來依洛一直秉持「台灣依洛、依洛台灣」以及「不二價」的精神堅持至今，亦才有今日能跨足海外的台灣唯一原創服飾品牌，所謂「原點決定終點」正是如此。台灣文創時值發展期，文創推動者唯有尋根究底，探索台灣真正的文化底蘊，並堅持根基，才能立足海內外，才能將原汁原味的台灣文化繼續留存後世、放諸四海散布這塊美麗島嶼真正迷人的內涵。

　　眼光需要時間，堅持使之實現；感恩台灣有一群人正在為這塊土地嶄新的未來努力耕耘。藉由此書序，期望、祝福台灣年輕世代，掌握文化底蘊結合科技、突破跨國界限制，擴大視野，編織夢想、建築夢想、創建未來！

創意涓滴與文化長河

溫肇東、蔡淑梨

　　人類的文明是依著河谷、河邊沖積平原逐漸發展的，經過歷史的洗滌，由小溪匯集成大河，最終文明也是流向四海相互交流。「創河」（Creek & River）是日本一家成立於1990年「創意工作者」人力派遣的經紀公司，創辦人井川幸廣先生是一位導演與攝影師，他在非洲旅行時看到「溪、河」交匯的意象得到的靈感，創河於2000年在東京上市，在此平台登錄的創意工作者超過二萬人。

　　就像書名《創河——美學與創新的交匯》，我們兩人過去十多年在文化、美學、美食、設計、創意等領域持續地觀察與思索。我們都是在企業工作多年，中年後才負笈去唸博士，之後在大學任教。我在政大教「科技與人文社會」和創業，淑梨在輔大織品系教行銷、策略與流行時尚。因興趣的關係，我們很多機會和「文創」領域結緣，不時會應媒體的邀請，寫一些專欄或短文，見證這十多年台灣欲從傳統製造的經濟，轉向提升到以「文化和創意」為價值取向的過程，從不同的文章看到這長河中的漣漪和浪潮趨勢，剛好可提供對文創產業的發展有興趣的讀者參考。

　　第一章「啟動文創的引擎」，有十一篇文章分別討論到表演藝術、出版、電影、服裝設計、流行音樂、創意生活、社區營造等文創產業十五加一的多種行業。更重要的是我們指陳出：在推動產業的關

鍵活動上，其實涵蓋策展、獎項、仲介、群聚、育成、指標、營運模式和國際交流等功能；更談到一些重要的創造性人物，不只是藝文、設計等創意工作者，還有不少曾開創一個領域或平台的領導人物；他們所形塑及發動的引擎，使人才可向其集中。貫穿這些不同面向的「觀照」還有一個重要的經緯，就是時間；不只是過去歷史「長河」與創意「小溪」的積累，或是未來的想像與企圖，在每個時空一步一腳印的創造所留下的底蘊，都是未來的養分與燃料。大家或許可以看出這些「引擎」和製造業的系統不盡相同，燃料不同，動能及運作模式、衡量的指標也不盡相同。因此在政策上、策略上都不宜再複製我們自以為成功的硬體代工經驗。

　　第二章「挑逗舌尖的音符」收錄了十篇文章，民以食為天，「吃」是各文化生活的重心之一，不同文明的進展與社會風土，講究吃的重點可能不盡相同。過年前二位「喜愛做料理又會說料理」的女士王宣一和韓良露突然離我們而去，令人不捨。「吃、做、說」料理都有許多傳統的智慧，又有很多與時俱進的創意在裡頭。欲認識文化創意產業，「吃」是入手或破冰比較自然、容易的途徑。這十篇文章，我們涵蓋有形及無形的飲食文化層面，從食材的產生、料理的用心、到消費服務、國際傳播，一直到實際營運的層面。要讓台灣美食得以和全

世界溝通，得到更多舌尖的認同，需有更多人才投入飲食生活相關的行列，並創造出最多的滿足和價值。

第三章「揭開設計的面紗」，設計在過去十年成為台灣的顯學，2014 年取得「世界設計之都」的頭銜，算是其高峰。到底設計界的產、學、研經過三十多年的努力，對台灣的社會與經濟成就了什麼價值？本章收錄了九篇文章，分別從設計師的素養、設計的策略、價值、脈絡、使用者（通用），到時間（未來）、在地空間（旅館）、創新平台（TED），可能和一般設計學院的論述不盡相同。因這些塗抹，也有機會參與一些設計社群的活動，包括在台創中心擔任顧問，在英國文化協會「青年設計創業家」擔任評審，因而和許多設計師結緣，有機會理解他們箇中辛苦與困境，希望從不同的角度能略盡棉薄之力。

第四章是「勾勒美學的舞台」，我們有一些學生在紡織、成衣、流行時尚界，他們對台灣的紡織產業從代工轉型到研發創新、設計、品牌的努力有第一手的接觸。文創產業的「核心蛋黃」應是個人創造力，而全民的美學素養更是最重要的底蘊。一個愛美的社會，其發展文創產業的成功機率較大。在每一場時裝秀伸展台的背後，其實除了美以外，也有很多硬功夫和紀律。這十篇文章討論了美麗產業的浮

現，他們與過去強調效率和量產的價值、甚至績效指標的思維都很不相同。

最後一章「形塑未來的發生」，我在《經理人月刊》的專欄就叫「未來發生堂」，這個詞是 2005 年時，我們在政大將 2000 年成立的「網路築夢學園」轉型成一系列探討未來的產業與想像，希望在很膠著的年代，能有一個場域可以來探討，甚至形塑未來，為未來發聲，提早往前看未來的各種可能性。花生糖、發生堂是一個很本土的意念，隨後我們也各寫了好幾篇有關台灣未來轉型的文章，包括人才、平台、教育、議題設定、話語權等，這十一篇整理起來，讓我們看到其實「未來」已逐漸在「發生」。

「文化、創意與產業」的交匯（flux）是貫穿本書的主旨，在台灣轉型的過程中，這三個領域的溝通整合有很多的障礙，如何由涓滴創意，聚溪成河，海納百川。跨領域、跨疆界是文創產業所需要的思維與態度，加上網路、數位科技的進步，各種創新的機會與可能性都蓬勃發展，不再是少數的專家或過去的專業所能壟斷。創意需要開放、實驗的精神，文化需要積累又要與時俱進。

這種向心、離心的重力場交互作用即是「產業創新」的源頭，本書見證過去十多年，兩人勇敢跨界的心得與紀錄，這五十幾篇文章，

按文創產業的推動機制、美食、設計、美學與時尚、和未來及人才等主題集結，這些文章書寫的時間點多半有當時的情境脈絡，這次整理時，發現大部分的論點至今仍是有效的，為避免讀者在時間座標上混淆，做了必要的調整和潤飾，在文字上盡量以原貌呈現，若覺得需要更新的部分，另以「追記」的方式增補，讓讀者在閱讀上能和我們站在共同的時空，比較流暢。

我們特別整理了一些和文章主題或內容相關的照片，這些影像加上圖說，或許能在文章之外，提供大家更多的意象。許多文創元素就在我們日常生活周遭，如果你的觀察與賞析夠敏感（Sensitivity & Sensibility），很多角落、很多畫面都會令人感動或有所啟發。這個世界當然不完美，人生也不必然幸福，經濟或許也還沒走出困局。但以文化為底蘊、創意為引擎，在字裡行間、影像之間，實體的活動交換流動之間，「可以創造的可能性」比產品製造代工，比只看得到具體有形的出路還可以更廣、更多，祝大家閱讀愉快！

1

啓動文創的引擎

Igniting the creativity engine

從蘭陵 30 與誠品 20 說起

2009 年是蘭陵 30 週年與誠品 20 週年，各自辦了一些相關的慶祝活動。古諺有「十年樹木，百年樹人」，一個概念的推動，一個組織的發展、堅持，人才的匯集及擴散，經過二十年、三十年能成就什麼事情？在台灣熱烈推動「文化創意產業」的當下，這是兩個有趣、有意義的指標個案。

由蘭陵劇坊開創台灣當代劇場的濫觴，十年之後雖不再用「蘭陵創坊」的名字，但其成員枝開葉散，李國修的屏風劇場、劉若瑀的優人神鼓、郎祖筠的綠光劇團、李永豐的紙風車劇團等，各自努力開闢出一片天。雖這些劇場有些是慘澹經營，但還是創意不斷，提供了本土許多膾炙人口的戲劇作品，也培養了一定的觀眾群，營造許多人共同的記憶。台灣廣義的劇場表演事業每年約有 50 億的產值。

在關鍵時刻，關鍵的人做了關鍵的事

另一方面，誠品書店創造了品味閱讀及閱讀品味，其閱讀空間及 24 小時營業，成為台灣的景觀及人文特色，蘊育了很多讀書人、愛書人、買書人，也讓許多愛書人能在誠品工作。前些年在裝潢新屋期間，流連在誠品的建築裝潢部門，竟然巧遇我們在家具商 Rolf BENE

認識的銷售人員，他也來此充實自己的專業。你能想像沒有「誠品」的台北會少了什麼嗎？

　　兩者的貢獻當然不能直接以金額來比較，何況誠品的 2008 年營業額 96 億當中書籍及其他賣場貨品的成本至少佔六成，而表演事業以「人事成本」為主，每個人其「附加價值」也幾乎是由人的創意和表演創造出來。誠品是單一組織，表演事業卻是許多個別組織的集合，誠品一開始就是以「企業」形式出發，但是為了文化氣質的堅持，也投資了很多年後才賺錢。表演事業通常以文化及創意為優先，在營收及利潤方面比較不在行。儘管如此，二者都有許多「外溢」的價值，各有一定幅度的周邊產業關連，如誠品和出版、室內裝潢緊密相關，誠品也不時舉辦各種講座，來充實其閱讀空間。表演事業本身就是一個多元專業的組合，和表演設施、舞台設計、燈光、音樂、原創劇本工作者息息相關。

台灣成為文化創意的沃土

　　有人或許會說書籍流通本來就存在，我們只是多了一個有品味的空間，取代了傳統書店的通路，並不是完全的創新，表演藝術能算是

從無到有嗎？傳統以來也一直有一些表演的形式與節目，蘭陵從《荷珠新配》開始，固然在形式與內容上有很大的突破，啟發了後續的創作。但畢竟無法做到完全的「進口替代」，觀賞者對表演藝術還是有各種不同的口味，包括國外的好戲也有一定的票房。

回想這兩個組織創立的 1979 年與 1989 年，在國內外各自都發生了一些重要的事。1979 年是中美斷交、美麗島事件的一年，1989 年是天安門事件和柏林圍牆倒塌的一年。在歷史動盪的時刻，當年都剛好 40 歲的吳靜吉和吳清友在不同的年代，各自堅持自己的理想，做他們想做的事情，集結志同道合的人才，轉化其氣質，開創出今天我們能享受的成果。在今天，是否有哪些人做了什麼事，能在二十年、三十年後發光發熱，持續打造台灣的文化品質？

（溫肇東，原篇名〈蘭陵 30 與誠品 20〉，載於《經理人月刊》，2009.06）

文化創意的交融與較勁

北京奧運的「水立方」是澳洲建築師設計的、雪梨歌劇院及巴黎新凱旋門是丹麥建築師的傑作、法國羅浮宮的增建是出自美國華裔建築師貝聿銘之手，台灣也可以看到安藤忠雄、伊東豐雄的作品。文化創意人、事、物的全球交流是頻繁的，每一個國家的文創指標人物有可能是皇宮人物、總理（捷克的哈維爾）、或作家（捷克的昆拉德、丹麥的祁克果及安徒生），不同的身分角色。

2011 年 3 月中有三場文化的饗宴是由政大公企中心的邱于芸老師規劃及執行，邀請了十二個國家「駐台代表」參與「國際文化創意交流座談會」。每場都有超過百人出席，是一個非常有意義的跨國文化交融活動。從前一年 11 月間開始籌備，有很多人抱著懷疑的眼光，政大為什麼要辦這樣的活動，此類淺短的互動能帶來什麼意義。

跨國文化，各顯神通 同台較勁

這十二個國家涵蓋美國、義大利、印度、匈牙利、印尼、西班牙、法國、德國、泰國、澳洲、丹麥與捷克，地理上分布很廣，土地面積、人口規模、歷史長短、文化差異也很大。各國代表在 20 分鐘左右的分享及 10 分鐘的 Q&A 會激盪出什麼火花，可撞擊出什麼創

意，是很令人好奇的一次實驗。

　　為了增加參與及互動，主辦單位在事前辦了一個「小朋友心目中的世界」的繪畫徵稿，很直接反映出小朋友對這些異國文化的認識與想像，例如美國是太空人和月球漫步，義大利是威尼斯和馬可波羅，捷克是布拉格木偶，丹麥是美人魚，德國是小紅帽和啤酒，法國是巴黎鐵塔和凱旋門，西班牙是鬥牛，澳洲是無尾熊、袋鼠和雪梨歌劇院，印度是泰姬瑪哈陵，義大利是麵條、比薩加斜塔。每一次活動的中場休息時間也邀請各國提供該國的特色點心及飲料，聽眾在味蕾上也有機會嘗試各國風味的食物。

　　義大利代表問與會者對義大利的印象，從羅馬劇場、神殿到文藝復興、米開朗基羅、達文西、威尼斯、米蘭時尚設計，非常多元的各種聯想。這些豐富的歷史與文化是義大利創意的資產還是包袱？相對的，我們對匈牙利的認識就少很多，匈牙利代表在演講中提到多項發明，如隱形眼鏡、冰箱、原子筆，他透過有獎徵答，卻都沒有多少人記得。印尼選擇了「蠟染」來說明其文化與創意，泰國則以泰國美食和泰國設計來代表其文創產業方面的成就。

每個文化的政策重點與特色

　　美國代表以「創意來自地方」（Creativity States from Local）來闡述美國的立國精神，從聯邦制度、分權、開放的廣納各國移民、沒有教育部、文化部，再再都是美國在文化及科學創意不斷背後的支撐力量，也彰顯了美國文化底層中的價值。西班牙、法國、澳洲、丹麥比較完整地交代其文創政策及特色，甚至預算，讓大家短短的 20 分鐘之內能對該國文創的重點及政策有概括的了解。

　　各國代表的背景、學歷、經歷不盡相同，有的唸商，他們在詮釋文化的角度上就有別於人文背景。捷克代表是化學博士，講題是「value, with or without」，從捷克近代歷次的革命中，相當「哲學地」回應其珍貴的人文價值。印度代表也將印度此一古老國家的多元面向做了廣泛精要的詮釋。對我個人來說這是一個很成功的策展，有達到文化與創意的跨國交流。「世界就在台北」，台北像許多城市一直有多國人士的存在，相互間的交流應還可以再頻繁些。

　　文化及創意的內涵很廣，台灣要怎麼（how）敘說自己的什麼（what）故事，才能夠吸引與感動哪些國家（where）的什麼人士（who），是我們的功課與挑戰。

（溫肇東，原篇名〈文化創意的交流與融合〉，載於《經理人月刊》，2011.05）

科幻電影與未來想像

　　世界上已有那麼多影展，為何還需要多一個？多一個可以引起「誰」的興趣？誰會願意參與？你要如何抓到一個「對」的主題？每年都會有足夠的話題，吸引足夠的影片嗎？也能持續吸引足夠的觀眾、吸引足夠的贊助單位嗎？反過來說，全球電影這個社群有多大？平常如何經營？影展只是每年活動的一個高潮。其他領域的展、獎或社群活動不也都是如此？

　　倫敦科幻影展（International Festival of science fiction & fantastic film）2010 年是第九屆，科幻及奇幻電影一直是電影的一支。這年的主題是「2050 的生活」（Life in 2050），四十年離現在有多遠？最近我們才剛慶祝很多四十年前的成就，人類登陸月球四十年，網際網路的前身 ARPAnet 啟用四十年，滑鼠的使用以及巨無霸飛機（Jumbo Jet）的啟航都不過是四十年前的事。這些創新確實改變了我們的生活、旅行和溝通方式。我個人是四十年前進大學的，也目睹了這些事情的發生與演變。四十年後我們會懷念「今天」的什麼？生活會有多不一樣？工作、旅行、社交會和今天有什麼大不同？

缺乏十五年後的想像及願景

2010 年在政大舉辦的「台灣 2025 願景」，找了 100 位大學剛畢業的同學參與這個計畫，去勾勒十五年後他們「想像」「想要」的台灣社會及產業。但同學們的想像力似乎很有限，大部分的事現在就可以想得到，或者做得到的，不太敢想或想不出什麼較有「未來性」的東西。他們的生活經驗和歷練太少了，對多少時間能成就什麼事情不太有概念，其實這方面也很難教，我們曾想過若能讓他們好好地了解過去十年、二十年、三十年、四十年各完成過什麼事情，什麼是可達成的（achievable）？什麼是可能的（possible）？ Skype、Wii、Google、Facebook、Twitter 都不到十年的歷史，Internet、行動通訊、e-mail 都不到二十年的事，二十年前的政大、二十年前的台灣、二十年前的大陸都和今天有很多不一樣，這些不一樣能帶給大家什麼啟示？

回到科幻影展，開閉幕式選的影片都是具有代表性的作品，開幕的電影選的是前一年（2009）的美國片《人工進化》（Splice），基因改造食物不是好東西，已是一般常識，因此改造的動物或人類 DNA 更不會是什麼好東西。本片是描述兩位有野心的年輕科學家持續他們的實驗，尤其他們成功生產了混種的生物，他們決定獨自將之養大，因而發生了很多事情，是典型的科學怪人法蘭克斯坦的新版本。

閉幕的影片是瑞士的《時空運輸》（Cargo），描述在充滿太空站的宇宙間，地球不再是最適合人類居住的地方，距地球五個光年距離的一個生鏽冰箱式的太空站，似乎是人類唯一可逃避混亂之後的寶地，或者維繫人類存續的空間。

好的科幻電影 後來都能應驗

另有墨西哥的《2033》、澳洲的《橡皮擦小孩》（Eraser Children），印度的《愛情故事2050》是印度寶萊塢的歌舞劇加上時光旅遊機器人及再生復活等元素。這一年的主賓國是波蘭，從2009年起每年都會以不同的國家，探討他們對科幻電影的貢獻，此次是以波蘭導演史坦尼斯勞‧萊姆（Stanislaw Lem）為主。另外，當然少不了經典科幻片的回顧，如第一部採用科學顧問的《關鍵報告》（2002），1969年珍方達演的《太空英雌芭芭麗娜》（Barbarella）；另外有短片、漫畫、紀錄片等各類型的節目影片的欣賞，還有各種相關的研討會、辯論會及座談會相濡以沫。

2009年的台北電影節「美麗新世代」以「城市」為主題，邀請到巴西為主賓國，也辦得熱熱鬧鬧。台灣沒有太多科幻電影的傳統，

自然難以這類型為主題，那我們擅長的是什麼？以「什麼」為主題可以號召全球亞洲華人的社群同好來共襄盛舉？除了傳統的金馬獎成為華人電影圈的盛會外，「台北電影節」還可以耕耘什麼？

（溫肇東，原載於《經理人月刊》，2010.07）

藝祭與簡單生活節

　　華山文創園區在 2011 年 11 月底、12 月初分別舉辦了村上隆的「藝祭」（GEISAI）及中子創新的「簡單生活節」（Simple Life）。王榮文認為這是華山一年當中最重要的幾個活動之二。我們可以比較這兩個在營運模式上有極大差別的活動，也可以從中分析解構為什麼這兩個活動對華山的經營與發展來說很重要。

　　村上隆的藝祭是繼 2009 年 12 月 5 日第一屆後的第二次舉辦，參與展出的創作者從第一屆的 400 多人增加到 600 多人，參觀者從前年的 18,000 人到去年的 28,000 人。村上隆主張創作不應受限，沒有任何篩選，今年有一位罵村上隆是騙子的藝術家作品也照常展出。參觀者不收門票，這個活動在日本已辦了十五年，一年兩次，參觀的人數每次約 9,000 人，累積展出創作者也超過 2,000 人。為何在台灣可比辦得比日本來得盛大，除了日本有收門票五百圓之外，主要是在台灣有台灣土地開發公司的支持，據說約花了 1,000 多萬（不全是 cash，包含一些交換的估算），邱復生為何要贊助這個活動？為何要在台開大樓和村上隆合開畫廊？

藝術商業化 商業藝術化

　　自 2002 年起，一年舉辦兩次的 GEISAI 是日本藝術界的年度盛事，成為一個日本藝術界「藝術新星的培養皿」，並為策展人、收藏家與新人藝術家三者之間，製造交流溝通的銜接點。藝祭（GEISAI）之所以受歡迎，因為獲選者有機會鯉躍龍門，登上國際舞台。去年評審獎得主林明雪，後來成為村上隆在台畫廊「KAIKAI KIKI GALLERY TAIPEI」第一位代理的藝術家。本屆金獎得主王建揚在上屆也獲得評審團獎，在 2010 年於紐約拿下 IPA 國際攝影賽三項第一及多項國際大賽，表示藝祭評審的眼光的確是國際水準。

　　像「藝祭」這樣的「競展形式」，對年輕創作者而言，是促進藝術家成長的好機會，可檢測、增強自己的創作展演實力，也和各界進行交流的修鍊。GEISAI 除了是「挖掘夢想出道藝術家的場所」，同時是「像跳蚤市場一樣輕鬆展示買賣藝術作品的場所」，也是「跟已開創的美術界接軌的新起點」，跳過傳統商業藝廊的仲介，讓藝術家可以直接將作品介紹給收藏家、藝術專業人士，也擴大一般大眾的欣賞與參與，是推動文創產業具體的方式。

　　至於簡單生活節是由中子創新、StreetVoice 等單位策劃主辦，2006 年第一屆，兩年辦一次，今年是第三屆。三屆的主題分別是「做喜歡的事，讓喜歡的事有價值」、「Simply Smile」及「We are Beautiful」。門票單日 1,200 元，兩天聯票 1,800 元，估計有三萬人買票到訪，加上 2,000 張公關票及近 2,000 個工作人員，有機會體驗此一盛宴。超過 50 組海內外音樂人表演（六個舞台），是吸引很多年輕人前來的主因（太便宜了），還有 200 個台灣創作品牌，年度主題「2010 Projects」包括有純淨市場、果實小巷、分享書房之美好角落、音樂自在、草原市集、輕衫逛街等不同的主題，還有名人開講，多元活潑呈現「簡單生活」的嘉年華，為華山增添文創的氣氛。

簡單生活節 生活不簡單

簡單生活的主題概念是四年前由張培仁、蔣雅琪等人採取一種從邊緣地帶去尋找一些非主流的創作者。他們在小眾人群、社會底層探索的過程中，發現了台灣有大量的創意市集與搖滾歌手，均能自我論述表達自己的生活態度，抒發情緒及論述自己的存在。台灣的創意品牌其實是有魅力的，好好地經營可形成群聚，在適當的美學情境及演出下，生活型態的訴求若能成功，消費者會更有意願消費。透過購買促進經濟成長，這是文創產業所欲成就的。

台灣現在很多人想投資文創產業，政府也有國發基金及產業條例

的支持，但卻不知道如何投資，因為文創產業不像科技業還沒有完整的產業鏈，產業生態不完整，業者規模不大，創意價值難以認定；而且在科技業成功的投資人熟悉的是硬體、有形的東西，較難判斷不易捕捉創意的投資標的。「簡單生活節」其實起了一個守門的作用，因為銷售較好的攤位品牌，可獲得投資者的注意。這個活動讓值得投資與想要投資的人獲得連結，可逐漸促成創意產業發展。

三屆辦下來，簡單生活節有一定的口碑，到訪人數也持續高升，今年的情況已有超載現象，廁所大排長龍，載網路上有人說「簡單生活節一點都不簡單」。雖然參展廠商有 60% 是主辦單位邀請（挑選過），我也看到一些廠商四年前是新生（nascent）品牌，他們的創意被主辦單位發現，得到其他伯樂的讚賞與一般消費者的認同。再度回到簡單生活節亮相，應是老手帶新手，但若再過四年仍是這些老面孔，表示我們文創的通路與經營仍舊沒有起飛。

華山的場域，適合創新運動的展演

誠然，簡單生活節對創作者、投資者、消費者都創造了很多價值，但這個活動本身是不是一個好的營運模式？能辦三天？一個禮拜

嗎？能在北京、上海複製嗎？要邀請多少樂團、多少台灣的品牌過去展出，才能辦出「簡單生活」的味道？可以找多少當地廠商來共襄盛舉？需花多少時間來辨識守門，大陸的作品也合乎簡單生活的概念？

　　最後我想談談華山的價值或其不可替代性。這兩個活動若不在華山辦，可以在松菸、小巨蛋、或台大體育館嗎？味道會差多少？華山的區位及形象有多少相輔相成的加分？還是這兩個活動讓華山作為文創推手的意象及定位更清楚？誰比較需要誰？

（溫肇東，原篇名〈簡單生活節與藝祭〉，載於《創新發現誌》，2011.02）

從金旋獎到星光大道

政大是一所沒有音樂系所的校園，卻培育、創造出許多感人的音樂、迷人的歌手與樂團，如張雨生、陳綺貞、陳珊妮、蘇打綠，他們在流行音樂界已經產生一定的影響力。還不只這樣，政大也出了優秀的節目主持人如陶子，還有諸多音樂評論人、唱片公司製作人，如陳子鴻等，為什麼？

一年一度政大舉辦的「金旋獎」，邀請所有台灣大專青年參與，是音樂創作、分享、交流的殿堂，更是許多新生代歌手的第一座舞台。這個舞台無關俊男美女，無關既定的主流形式與典範，只要有令人感動的音樂創作，就有機會可以在眾多來自產業界的評審面前秀出自己的音樂，得到唱片合約與前輩的肯定。

播下文創種籽

金旋獎這個平台扮演了「創新守門」的機制。 只是，從金旋獎到星光大道之間的路途，還是有一段很長的路，這些初試啼聲的校園新星在短暫發光後，要如何持續累積、轉化創作的能量，面對、因應各種挑戰，以成為一顆閃亮之星？恐怕才是真正的難題。那麼，少數人能脫穎而出，持續創作與發光的關鍵，又是什麼呢？

　　是年輕時代文學藝術教育的陶冶？是對於生命、社會的關懷？是勇於挑戰現有的主流價值？亦或是在激烈競爭下所鍛鍊出的專業及素養？還是逐夢的勇氣？那麼，校園對這些挑戰與養成又可扮演什麼樣的角色？還是根本不用特別做什麼？甚至不要太干涉他們做什麼，辦個比賽就好？但比賽要怎麼辦？

　　電視節目「星光大道」叫好又叫座，除了新秀因此名利雙收，因為他們是按市場需要打造出來的，節目製作人也廣告滿檔，透露了什麼樣的玄機？和過去更早的「五燈獎」有什麼不同，和英國能挑出保羅及蘇珊大嬸之類素人的節目有什麼不同？

　　這個問題不僅在音樂領域發生，同時也存在所有文化創意產業的領域。政大是推動「文化創意產業」為職志的大學，期盼透過專業的研究，有經驗的業師，環境風氣的塑造、醞釀，態度視野的鍛鍊等多方面向，來培育文創的種籽，從上游內容的創作、中游的傳播，到下游商業化及產業化，提供完整的學習與實驗平台。

　　過去十多年，每年 5 月政大都舉辦「駐校藝術家」活動，在校園裡播下許多藝術的養分，成為上游活水的豐沛來源之一。期待透過校園與校友藝術家族們的攜手合作，共同譜出更多感人的樂曲與創作，更進一步帶動產業發展，活化文創的價值。2010 年是以「校友駐校

藝術家族」為訴求，在 5 月份首度由陳文玲老師主導推出音樂劇《{Fu}大學》，成為一個新的里程碑，在 3 月至 5 月間共舉辦六場講座，邀請校友回校分享其創作或經營經驗，另有十場從作曲、作詞開始的工作坊及精選十部音樂劇、歌舞劇的電影賞析。

人才的培育是關鍵

目前，許多大學也開始關心如何培育文創人才，讓他們將來畢業後，能夠發揮所長，成為文創產業的中堅份子，可以整合資源，並展開跨校合作的機制。其實，許多舞蹈系和音樂系日後能進入舞團和樂團工作的青年並不多，學非所用的情形比比皆是，如果他們當初在校就能多另外修習一些數位、管理或教育的第二領域，就可以把自己的優勢發揮出來，跨界到許多行業，讓文創的力量得以發揮到不同的市場。

除此之外，設計領域也需要成熟的「藝術經紀」機制，才能成功地商品化，順利推給客戶與市場。若是這些文創人才能夠在校學習「商品化」的專業知識與技巧，便有能力將藝術作品從非主流推到主流，如從金旋獎到星光大道。

　　我們期待文創產業將重塑台灣產業新價值。當人才的陶冶與整合更加活絡、出頭的機會更加多元，以及與外界合作的機會更廣大，我們很快就會看到文創的新未來。

（溫肇東，原載於《創新發現誌》，2011.03）

時尚文創 下一個台灣驚豔？

2009 年 1 月，美國新任第一夫人蜜雪兒在就職晚宴上身穿一襲白色單肩晚禮服驚豔全場，這是台裔設計師吳季剛的作品。自此以後，吳季剛這位台裔設計師才被紐約時裝界與美國主流媒體注意。在此之前，台灣時裝設計給人的印象都停留在以水墨設計或絲綢布料等東方傳統文化元素，如何將中華文化獨特的美學抽象化成概念，以創造差異為世界所接受，似乎是台灣時尚產業創造競爭優勢的關鍵因素。

以企管大師邁克爾・波特（Michael Porter）的「國家競爭力鑽石模型」來檢視，過去二十年台灣紡織成衣業成功要素來自：政府策略扶植、生產要素質優價廉、產業鏈結完整、豐沛的產業網絡關係、戰後民生需求起飛，及政府租稅優惠。在 2003 年之前，紡織成衣業一直是台灣最大創匯產業，至今也僅次於電子資訊產業。由於產業受到「福特主義」量產思維模式影響，在便宜原物料與人力競爭的相對比較利益下，紡織成衣業的生產基地紛紛外移至東南亞國家與中國，期望藉由過去累積的生產技術，在生產因素有利的國家，提升在全球佈局。但隨著全球化經濟時代來臨，全球化經濟產業思維演進為「後福特時代」，這些優勢一一瓦解。

危機即轉機

台灣紡織成衣業累積了五十年以上的製作經驗及技術，在製造領域有不少的核心技術，其功力也在全球佔有重要地位。然而外移的事實也造成產業生態改變，重新排列組合整個紡織成衣業供應鏈，其影響範圍甚至擴及相關支援型服務業。加上消費通路及民眾消費型態改變，對紡織成衣業是一個危機，也是一個轉機。危機是不升級轉型就滅亡，轉機則是置之死地而後生，痛定思痛，破釜沉舟。

波特（1990）的鑽石模型認為生產要素、需求條件、相關與支援產業，以及企業策略、結構、競爭等四大基本條件，加上政府的角色與機會等二個外生變數，共同構成國家競爭力的鑽石結構。波特認為政府的角色對四個因素的影響微妙，且影響方向既非正面，也非負面，理想的政府應該在干預與放任中取得平衡。因此，綜觀過去，台灣屢創的經濟奇蹟，其實關鍵在於政府啟動的政策機器，以電子產業而言，不但財經政策同步運轉，教育體系也遵循同樣策略，源源不絕提供質優價廉的專技人才，內需市場也鼓勵以創造優質的需求條件，使得電子產業具備競爭力的優勢。

再來看台灣紡織成衣業，轉型為時尚產業發展自有品牌的情況

下，若能結合中華文化創意，以獨一無二的「中華文化」複合型態，迎接「中華熱」的世界潮流，利用成熟之產業鏈結、網絡關係，創造出在「美學經濟」中獨創稀有性產品，將可使整體產業振衰起敝，也可以延續產業競爭優勢（產業鏈結完整、豐沛的產業網絡關係），並以藍海策略思維，擺脫價格競爭，必可再造紡織成衣業第二春。

這個構想的實現尚待政府政策機器的啟動，文化創意產業是個整合創意、文化、專業知識與技術的行業，產值與就業提升的重點在於重新整合多元技術團隊的知識與技能，並加以延續。首先是轉移生產要素之人力需求，由勞力密集轉為知識密集，尤其是創意，以創造產業競爭優勢。為確保產業永續競爭力，教育系統必須源源不絕供應質優價廉的人力資源，教育政策如何鼓勵產學整合，重整現有重點科系、鼓勵成立教學創新資源中心，用最快速度趕上潮流，以免坐失良機。從 2003 年起，選擇了國內五所大專院校藝術或設計科系設置教學創新資源中心，提振時尚產品設計能力。這些學校在多媒體、工業設計、日常生活用品等方面有些成果，不過卻未涉足紡織品流行時尚。一方面，上述學校大多缺乏紡織專業，不了解時尚產業的鏈結與運作，若僅以視覺美感為導向，而不是將藝術、設計及專業知識與技術整合，較難在市場上產生效益。現實的是，當無法在市場產生效益

時就無法延續或吸引更多人投入。因此，若能在嫻熟時尚設計的教育機構設置創新資源中心，應能發揮整合力量。

其次，創造內部需求，時尚並不等於奢華，政府官員以西服作為制服的原因無從考據，如果以當年「中山裝」的歷史而言，只要政府官員帶頭示範，群眾會跟進。內需市場於焉成型，「中華裝」、「節能減碳裝」都是很好的訴求。

品牌設計師領風潮

台灣過去的文化產業皆以地方為出發點，不論在定義或是社會事實上都發展成排斥「大量複製的均一化、庸俗化、流行品味、提供大量消費的產品」的文化工業。某種程度上，文化創意產業「以地方本身為思考，是基於地方特色、條件、人才和福祉來發展」的特性，卻與當今時尚產業的現實環境有所矛盾。因為台灣紡織成衣業的生產利基來自大量生產，且能創造符合市場商品之條件下獲取利潤，所以政府應重新檢視時尚工業在文化創意產業的角色與特性，才能適性給予輔導與拓展。

另方面，要思考的是「品牌設計師」在時尚產業的意義，因為品

牌設計師的個性設計具有擴散性的效果，帶起「美學經濟」的消費風潮。在提倡「感性消費」的時代，如果沒有足夠吸引人的品牌設計師，很難轉動流行時尚的軸線。台灣一直缺乏魄力長期培養並投資國際級的時裝設計師，也因此無法形成「時尚中心」。在這種缺乏「稀有性」的吸引力下，時尚產業便無法朝向精緻與高附加價值的方向前進。過去文建會曾推廣 E-PARTY，希冀將具台灣本土特色的服裝設計推展到國際舞台。然而這種缺乏產值、通路與產業鏈結的方式，僅能視為一項活動，無法評估創意能量所鑲嵌的產業價值。因此，長期培養並投資國際級的時裝設計師應該是個可行的產業策略，同時加強推展跨國時尚創意產業的交流與合作。

　　若以時尚產業整體發展來說，短中長期的宏觀方向與策略是可以積極成形。在大專院校的專業科系中長期設置「設計品牌時尚產業資源中心」，鼓勵並培養品牌設計師，並且結合至紡織成衣業的產業鏈結，強化技術、藝術、行銷通路的鏈結互動，以及強化多元技術團體的產值與就業。甚至與其他文創業，如電影、音樂或舞蹈等異業結合，創造感性消費的美學經濟。

（蔡淑梨，原篇名〈時尚文創業 是下一個台灣驚豔〉，載於《工商時報》，2009.03）

文創育成的新風貌

　　李宗盛在金曲 25 的「山丘」感動了很多人，他指出發展文創產業重點不在產值，而在感動，一語道破文創產業發展的思維和工業產業思維的不同。一甲子以來，台灣製造業創造了台灣經濟奇蹟，在降低成本及提高效率前提下，透過量化指標不斷改進，贏得了製造王國的美譽。然而長年下來，我們對於生產全球標準化的通用產品非常在行，但和消費者的距離是遙遠的。因為產業鏈的分工，我們不但不了解消費者是誰及其樣貌（profile），也不了解他們如何使用產品，更遑論能創造出讓消費者感動的事物。因此，當台灣經濟演化須往品牌邁進時，我們才驚覺到傳統製造業生產關鍵因素（production factors）的土地與勞工成本，和發展品牌需要的要素截然不同，也和創作及基地的住民與社區幾乎沒有關連。

硬實力與軟實力

　　文創產業發展不同於傳統製造業，其成功與否在於透過創新技法或技術的呈現，挖掘獨特的在地元素，並轉換成國際可接受與讓人感動的產品或作品。因此，在做文創產業育成輔導時，應有別於工業時代的產品邏輯與創業輔導。過去政府致力提供資源發展文創產業已超

過十年，國發基金也撥專款投資文創產業，文化部更大量砸錢輔助相關文創的發展，但成效仍是有限。主要原因是受限於傳統的思維與經驗及僵化的 KPI（關鍵績效指標），致使文創產業循過去製造模式打轉。

我們常常很羨慕國外文創產業的發展，雖然他山之石可以攻錯，不過橘逾淮為枳，台灣發展演化過程中的時空環境與背景也是關鍵考量因素。由於台灣的文創剛起步不久且都屬於微小型的創意，需要有一個平台，也需要有群聚的效應，才能讓它的能見度及營收提高，因此不論是育成中心的型態或是群聚的創造都有助於其發展，目前台灣島內有一股強大的社會力對推動文創不遺餘力。以下提供兩種由社會力推動的台灣文創產業新型態育成的案例，給有志發展文創的創業家及政府對文創育成「世代文化」的新思維的參考。

第一個是具有百年歷史的「大稻埕」的案例。大稻埕歷史悠久，充滿了動人的故事，周奕成以創新的手法，在大稻埕發展「小藝埕」及「民藝埕」，他以「十年、百業、千人、億元」為職志，計畫在十年內將 155 棟迪化街的歷史建築中租下 15 棟，整修後出租或合作創業給一百家想發展特色品牌文創產業的工作者或微型企業。他計畫性地培育他們、甚至投資這些品牌，讓每家能穩定成長，目標是每家雇

用十人，創造億元文創群聚。這讓太小且不擅交涉的文創工作者或微型企業，有機會進駐到如此有特色的地區。周奕成的行動造福了自己及文創工作者實現夢想的可能。周奕成及其團隊身兼開發、經理及策展人的角色，除了培育百家文創業者外，透過空間再造經營社區，注入創意元素及商機，豐富了迪化街地景及內涵。

創意創業友善空間

另一個創新育成中心新形貌的案例是共同空間（co-working space），共同空間跳脫傳統育成中心以房間、坪數為單位出租給新創公司，改用以桌子為單位，大大降低創業初期的門檻。更重要的是，共同空間不時舉辦各種不同的活動，將空間內的成員經營成一個強力互動的社群（community），彼此不斷交流、刺激及學習，例如Garage+、政大「創立方」、卡市達創業加油站、混_Hun、Changee暢橘、CLBC、台北創新實驗室；另外像群眾募資 Flying V、新型加速器之初 AppWorks 創投、數位時代創業小聚，或 AAMA 創業搖籃等等都是開放式、共創、共享新型態的育成。未來的育成不同於過去的形貌，是沒有圍牆的，它也可跨各種不同的組織平台來完成。

　　科技創業育成不論是在進駐到不同國家的育成加速器，或是在取得創投資金，都已比較沒有國界（borderless）。但文創關鍵因素為「文化」，文創並非只是一項產業分類，它和生活每一面向都息息相關，尤其在地元素或社區的養分是發展文創的靈魂所在，對文創相關的創業能創造出什麼價值相對重要；加上文創大部分屬於微型創業，它們所需要的協助有別於傳統育成空間及諮詢服務，它所需要的是建構創新生態系統，包括開放的文化（open platform），跨界的合作整合（partnership）及師徒關係（mentorship）。

　　未來育成中心的角色、形貌、功能、甚至經理人的角色都有別於往昔，如何讓更多有理想及具深度整合能力的青年才俊，為台灣肩負更大責任，建構社群、發揮群眾力量（地主、閒置空間、房東、政府），有錢出錢、有力出力（有理想及作為的年輕人），而政府則提供有利的法規與基礎結構（infrastructure），才能跳脫目前小確幸的狀態，真正落實文創發展。

（蔡淑梨，原篇名〈文創產業育成的新思維〉，載於「師大育成協調中心專欄」，2014.08）

文創群聚與創新仲介

2009 年 4 月下旬起，國內劇場界人士合作推出了「蘭陵三十‧傳奇再現」的系列活動，吸引了國內愛好戲劇的人士，在這一連串精采的戲劇表演中大飽眼福。許多國內劇場專業人士，包括曾是蘭陵劇坊的一員，或是深受該劇團啟發的編、導、演專業人士，都卯足全力共襄盛舉。政大「創造力講座」吳靜吉教授，則是「蘭陵三十」所欲推崇的精神領袖之一。

事實上，蘭陵劇坊已近二十年沒有對外公演，表面上雖然此一劇團已經不存在，但是創作的靈魂與能量，卻因為它所孕育出來的人才在各地開枝散葉，陸續成立劇團與演出不輟，這種「傳承」代表了這次劇場人士推出「蘭陵三十」的感念之意：懷念蘭陵的「時代意義」，以及那個時期的創作初衷與參與人的熱血。

這次的「蘭陵三十」，除了對國內「劇場」的歷史和文化傳承的紀念，也凸顯台灣劇場人才需要更多的支持與鼓勵，才能使我們的文創產業永續發展下去。畢竟，像是李國修創立的屏風表演班、林懷民創立的雲門舞集、劉若瑀創辦的優人神鼓等表演團體，雖然在國際享有知名度和專業上的肯定，到現在仍在辛苦經營。而這些人與戲都是台灣很重要且珍貴的文創資產。

台灣需要文創群聚

　　文創產業的發展已經逐漸受到政府的重視，但是文創從原創作品的孕育到可以商品化，甚至輸出，需要一定時間的陶冶；要蔚然成為產業的氣候，則需要更長的時間才能看到結果。很重要的一點是，人才和創意要互相碰撞、產生激盪，若能透過許多的文創平台、文創社群或文創園區的群聚效應，才能源源不斷產生旺盛的力量。例如位於台北的華山創意園區，已經累積做出一些成績，經常有活動可看到有人大排長龍，台北市也把從故宮、台北故事館、中山北路一路下來到光點、國際藝術村等，北台北的文創聚落連成一個 L 型的發展。另一方面，從耕莘文教院、老泉里的優人神鼓、文山的屏風，政大過去許多年推動的駐校藝術家，在南台北以人文涵量的優勢，也逐漸形成另一個文創群聚。

　　要談文化創意產業，我們可以回頭看看最早有這個概念的英國，他們對創意產業（creative industry）的定義是「由個人創造力、技能與天賦原創出來的作品，透過智財權的產生與利用，具有創造財富及就業的潛力。」英國在 1997 年是由工黨的文化部長主催「創意產業」，「文化」是亞洲諸國在追隨時加上去的，各國的創意要有特色

和其文化絕脫不了關係。

　　因此，要推動文化創意產業，「文化、創意、產業」，三者缺一不可。最近行政院有大筆的資金想要挹注在文創產業，但我很擔心這些錢如何給下去，會不會有效果，文創產業發展起來是需要時間的，若有根基有底蘊的產業，一旦發展起來，不應該會馬上褪色。

　　台灣的文化特色在哪？「紙風車到 319 鄉演出」的發想與行動力，其實是台灣很重要的文化資產與動能。嚴長壽曾說「台灣從來不缺不為錢做事的人，而這些事情累積起來就是台灣文化最大的資產」；賴聲川也說「一開頭就想賺錢的戲一定做不好，好的戲一定是先有熱情與原真的感動」。從光復以來，學院中的國學大師帶來中華文化的傳承，到許博允、林懷民、吳靜吉等民間菁英文化、流行文化的創導者，都讓台灣的文化有多元的融合與呈現。

文創可以是好生意

　　除了提供培養創作的環境，與創意人才的課程之外，在文創社群中也很重要的一群人則是「創新仲介」（Innomediary）。因為好的創意，需要透過商業的包裝、複製、行銷、多種形式輸出，才能讓廣

告、音樂、設計、文化、出版、傳播等，產生更多的利潤來支撐產業的發展。如何把小創意變成大文化，把幾個有創意的人的作品，轉化為多元消費、多層次消費的商業化做法，也是讓文創產業可源源不斷滋長之道。

除此之外，如何讓創意人和投資者、行政、行銷、管理人員找到合適的平台機制來合作，保有創新的自由度外，同時追求商業化的獲利模式，是創新仲介者的重要功能，也是文創產業可以穩健發展的關鍵之一。

（溫肇東，原載於《經理人月刊》，2009.07）

文創產業的生態與營運模式

2004 年在找新房子時，附近有華山大草原及文創園區是我們考量的因素之一。目前看來，是非常值得，華山已成為我們閒暇時時常去的後花園，每次去除了運動、散步外，都還會有一些藝文的刺激與收穫。以 2013 年中秋假期的週末為例，首先是在紅磚區的「湘台文化創意產業合作週」，展出的有湘書、湘繡、湘茶、湘瓷、和攝影展等，可看到策展單位儘量在拉近湘台的關係。湖南在晚清民初，出了不少和中國歷史命運攸關的人物。比較令人驚豔的是湘繡，這種獨到的技法、加上創意，有不少作品早已超越傳統的題材，呈現出更多元的現代感。

在書展中有兩套書讓我眼睛一亮，一是《走向世界叢書》，收集 1840 年到 1911 年間，中國人到歐美、日本通商、留學、出使、遊歷和考察等所留下的日記、筆記和遊記等，記錄中國人開始走向世界的心路歷程。第二套是《二十世紀中國科學口述歷史》，搶救和整理這些個人的親聞、親歷、親見中國科學技術發展的曲折實錄。

經過停車場，在鍋爐室展出的「同安潮新媒體藝術展」是故宮近來「無牆博物館」的一個重點專案，運用了許多數位影像技術，將原來只是 2D 的史料，建構出二百年前中國的「海洋科技」及當時的歷史脈絡。其他還有延展剛結束的第一屆華文朗讀節，光點電影館放映

的是《柏林男孩》與《拔一條河》。再繞到中央大街有「國家地理雜誌 125 年經典影像大展」，除了展出歷史上經典的「探索」作品，還特別策劃了「台灣老影像」專區，展現 1920 年代至今的珍藏台灣畫面。

　　對面四連棟是「成大建築系 70 週年」的展覽與座談會，一個七十年的系所培養出來的人才，可對台灣今日的「城鄉風貌」產生什麼樣的影響？會場中展示了七十年來，超過百幅同學在學時的作品，以及畢業後幾十位傑出校友，由他們設計出我們熟悉的大樓與建築物。展期間也有數場座談會，主題是很豪氣的「成大建築還能為台灣做什麼？」

文創展演群聚的必要與價值

　　短短兩、三小時的散步，可以邂逅這麼多不同主題的文化盛宴，我想在世界上各地的文創園區都是少有的。我反覆在想，這些展出是否也可選擇在別的地方進行，當然是可能，但和華山這些年所累積孕育的氛圍及人潮應有相輔相成之效。松菸當然也是一個值得注意的可能性，但仍有不同的味道。

　　每天這麼多展出，這麼多觀眾瀏覽下來，整體市民的美學素養，鑑賞能力有沒有提升？華山十多年前因有一度成為文創工作者創作、實驗的場域，還有很多人在懷念那個時期與功能。但物換星移，這段期間文創產業發展已邁向不同的里程碑。產業生態逐漸成形，創意、研發、創作、策展、展演，各類人才逐一因應而生，這些人的創意及作品都需要有舞台、有空間讓其發揮，而華山以其地理位置及方便的接近性，做為文創作品的展演空間是很自然，也合乎邏輯。

　　問題是我們可以因此放任市場機制去操作嗎？文化部委託經營的合約中有一定的比例要支持弱勢的藝文團體，促進產業的發展。很多人覺得華山太多餐廳、太商業化。大家認為文創園區中的餐廳、咖啡廳、酒館、茶館的功能是什麼？是為誰服務？當然有純來吃飯、喝茶聊天的，為何約在這裡？因其周遭的文創氣息，還是想順便看看展覽或演出？有展演就會有創作者在此出沒，有經紀人、投資者，天使也會喜歡約在此談事情。

　　松菸誠品的 BOT 已完成，也為台灣有獨特設計風格的店家提供一個舞台，安排出一些消費體驗及製作體驗的攤位，在台灣零售空間的創新規劃上又往前邁出一步。2013 年初我才說台北尚未有像「曼谷藝術文化中心」這麼集中的文創空間，結果很快就有所超越了。華

山 BOT 的部分遲遲未能啟動殊為可惜，否則放大一倍的空間，華山也應會有更多元、更多種可能的演出。當然 BOT 的部分，資本投資較大、租金較高，特色店家的商品或創新的演出要能更經得起「市場」的考驗。

草根野生與由上而下的引導

台北的創意「巷弄與街廓」也不乏有更前衛、更有特色的作品與商品，整個文創的產業生態在台灣已儼然悄悄的展開。問題是我們有沒有足夠的「文創消費力」，每個人的荷包要分配多少來光顧創意市集、創意街廓、到文創商場這一系列通路的「消費」。被取代、替代的消費支出是什麼？是傳統的同類商品？還是從「其他的活動」消費移轉過來？如果只著眼於島內的文創消費還是會互相排擠，那是否能吸引更多觀光客在台灣有更多的文創購買，或者是期待這些在台灣成功的商品有機會輸出，才能將產值放大，讓創作者有機會持續創作。

華山園區經營的績效從不同的角度，有不同的評價。促進文創產業的發展是當初設定的目標與使命之一，只是產業價值鏈很長，從研發、創作、製作、策展、展演、交易、銷售、投資，最需要由華山園

區來補強的是哪一段？目前的成果如果有達到部分的績效，那經營者有什麼誘因？園區附近的房地產增值，會使園區的租金水漲船高，成為「成功的詛咒」。整個產業生態及園區的營運模式要如何論述，是文創發展的重要課題。

（溫肇東，原篇名〈思考文創產業生態與營運模式〉，載於《經理人月刊》，2013.11）

從文化指標看文創發展

　　要推動文創產業，一定要了解目前市民在文化生活中，各項活動的「質與量」，才能訂定產業發展的目標，欲追求成長與進步的幅度。台北市的文化指標已建立一段時間，每年都會更新調查。新北市也開始建立並蒐集資料，其內涵不外乎調查各項文創產業（視覺藝術、音樂及表演藝術、工藝、文化展演設施、設計產業、出版、電視與廣播、電影、廣告、數位休閒娛樂、設計品牌時尚產業、建築設計產業和創意生活產業），以更細部的具體活動，來了解民眾的參與及使用的頻率。

　　歐洲市民的日常生活中，文化扮演非常重要的角色，聯合國教科文組織（UNESCO）所認定的 700 項文化遺產中，有 300 項是在歐盟的 27 國之中。文化的重要性亦可從在歐盟內約有 490 萬從事與文化相關的工作，約佔全體勞動人口的 2.4%。以國家別而言，從羅馬尼亞的 1.1% 到荷蘭的 3.8% 最高。文化遺產包含過去歷史上有形的人造建設，也包含民俗文化中無形的節慶活動（歌譜、舞譜、及相關儀式），更有一些是和自然生態結合在一起，如：山西五台山的佛教聖地，既是文化遺產，也是自然生態遺產。

做決策需要適當的指標

　　從事文化工作的人與非文化工作的人相比，有以下幾項特徵：
（1）受過高等教育的人較多，以新加入歐盟的愛沙尼亞與比利時分別
高出 64% 和 63% 最高；（2）臨時雇用人員則平均高出 16%，其中西
班牙高出 30%，斯洛伐尼亞高 27%，保加利亞、愛爾蘭及羅馬尼亞等
只高出 3%；（3）29% 的業主是自我雇用，在義大利高達 53%。文化
工作大多屬於知識密集型態，且多屬於中小企業，甚至是微型企業、
SOHO 族。很多業者都是視業務發展及淡旺季，再添雇臨時人員來幫
忙。

　　2004-2005 年度，在歐盟 27 國中，專攻藝術相關課程的學生佔
39%，馬爾他佔 10.9%，愛爾蘭佔 10.2%。以出版業來說，歐盟境內
有 5,500 家，雇用將近 75 萬人，佔製造業中附加價值額的 2.7%。在
貿易方面，2006 年美術品、收藏品及骨董品，歐盟整體的輸出額為
47 億歐元，輸入為 30 億歐元，17 億的出超，其中英國為最大輸出
國，高達 32 億。文化產品輸出強國與經濟產品出口強國兩者的差異
在哪？

存量與流量指標何者為重

　　在各種文化活動中，2006 年整個歐盟市民欣賞電影者高達 9 億人次，其中愛爾蘭每年每人觀賞 4.2 次為最高。2007 年歐盟 27 國市民參與文化活動的情況如下，電視／收音機 78%、閱讀 71%、歷史古蹟 54%、電影 51%、博物館 41%、音樂會 37%、公共圖書館 35%、戲劇 32%、芭蕾及歌劇 18%。其中各國標準差及變異較大的是公共圖書館的利用，芬蘭 72%、瑞典 70%、丹麥 68%，可能是北歐的冬天漫漫長夜，公共圖書館成為重要的去處。在歷史古蹟的參觀及博物館、美術館的觀賞也都是以丹麥、荷蘭及瑞典為最高，比平均數多了 20% 以上。聽音樂會則以波羅的海三小國及丹麥較高，看戲劇最多的則是荷蘭人。

　　各種產業的發展都需要市場，歐盟也是文創產業的一個大市場，但要配合當地的口味及偏好，則需要有對異文化敏感的創作者、有原創力（originality）與真實性（authenticity）的作品才能跨越國界及文化。

（溫肇東，原篇名〈從文化指標看文創發展〉，載於《經理人月刊》，2009.01）

小而精美的創意感動

　　當自創品牌與無窮盡投入的金錢畫上等號時，當各方不斷疾呼台灣產業要升級轉型一定要自創品牌時，這中間的弔詭，是否意味著沒有資源的企業似乎是死路一條!?

大型連鎖的衝擊

　　沃爾瑪（Wal-Mart）2004 年營業額為 2,852 億美元，富敵世界，營業額成長、報酬率卻下滑，過去五年的股價也頂多持平而已，哥倫比亞大學布魯斯・格林瓦德（Bruce Greenwald）及投資專案經理人裘德・康恩（Judd Kahn）都認為，沃爾瑪已不再如往昔般卓越。

　　另個例子是英國最大零售商特易購（Tesco），掌控英國 30% 食品雜貨市場，2004 年利潤超過 20 億英鎊（折合 1,200 億台幣）。如此的超級市場連鎖大巨人對社會貢獻應該很大吧？其實不然！特易購這幾年不斷遭到各界質疑及杯葛，甚至有些團體大聲疾呼，特易購的成功是來自對供應商、農夫、國外工人、本地商店及環境不公平對待的成果，且導致英國每星期有 50 家專門店，像肉類店、麵包店、魚店等，均因特易購的獨大壟斷紛紛關門歇業。

　　特易購對社區衝擊很大，不但掠奪了地區經濟，也摧毀了地區店

鋪將社區緊密結合功能的社會凝聚力，它更掠奪了城鎮或社區內應有的認同（identify），對整個環境形成相當負向的影響。

　　美國向來也是以大型購物中心（shopping mall）為榮，這些大型購物中心如同國際知名的機場，有著相同的命運，全部都被模組化（modualized），並且不斷被複製（clone）。散布在不同州的購物中心，集合一群無特色且千篇一律的商店，簡單到只分成五類：第一類是佔據各角落的百貨公司，例如 Niman Marcus、J. C. Penny、Sears、Macy、Nordstrom 等，其他還有服飾類（分服飾及鞋類）、禮品類、電子產品類、食品及飲食區，也只有固定幾家連鎖餐廳，書店則只有一家，最多二家。這些商店最大的特色就是沒有特色，且提供無趣無品味且乏味到頂點的產品。

　　不論沃爾瑪百貨、特易購或那些知名的購物中心，都透露大公司的瓶頸與極限。過去大公司的策略就是要不斷成長、打敗對手，要「大」就需發揮經濟規模，要「效率」則要快速，因此模組化、機械化、科學化都是必要條件！然而，在這個多元化的知識經濟時代，消費者的需求已非制式化生產所能滿足，加上經濟發展的結果，消費者要的是感動，是有內涵與生命的故事。

小而美與差異化的可貴

　　讓我們回想一下，是什麼讓你對旅遊城市留下記憶與懷念？是不是那精緻小巧、有特色、有內涵、有故事的景點、商店或商品？德國的童話大道串連格林兄弟生活過的場景及各篇故事發生的舞台，交織出約 600 公里 60 處大小城鎮的夢幻之路，它讓來訪的人能夠重溫兒時幻想。

　　另外，人文薈萃的法國，每個城市都非常有特色，單就巴黎而言，不管是哥德式教堂代表的聖母院、或搜集印象派畫作最完整的奧塞美術館、或世界藏量最豐富且面積最大的羅浮宮、或藝術家群集的蒙馬特區等，都好像帶你穿越時空徜徉在豐富的文化與歷史情境。

　　簡言之，當台灣如火如荼推動創意文化產業時，必須注重台灣的獨特性，以本地特有的文化與歷史進行創意與創新，創造出全世界只有這個地方有的商品或服務時，才能讓國內及國外的人好奇與感動，進而認同與行動。現代企業雖然講求「經濟規模」、「大者恆大」，然而「小而精」、「小而美」仍有它生存的一片空間，重要的是，它需具有內涵深度、創新與美學的元素，才能迎合未來市場與消費者需求。

（蔡淑梨，原載於《工商時報》，2005.12）

追記：本來以為 2005 年寫的這篇專欄文章，相隔了十年，可能有些不太適合。檢視後驚覺，世界發展的軌道十年來始終如一，且照著文中所述如火如荼的發展。文中講的大公司例如 Wal-Mart 的營業額已突破 4,856 億美元，在全世界 27 個國家有 11,462 個店，雇用 220 萬人，已發展成怪獸。Wal-Mart 為了成長，不斷浪費地球資源，製造過多過剩產品。當我們地球已經千瘡百孔，不可能再有第二個地球時，我們的思維與價值觀能否有所轉變，我們能否不一定要追求弔詭的企業不斷成長定律，而是沉澱下來，檢視我們過去及現在富足一切的所有，同時還要用人文豐富心靈才有可能脫離萬劫不復、無謂競爭與浪費的人生，難道我們還看不出來這一切都是勝利者掌握資源所創造出來美麗動聽的謊言嗎？

華山大草原是華山文創園區一個重要的後院,平常是開放運動的空間,週末可聚集很多人來遛狗、社交,亦可以舉辦多種的活動,這個開放空間是華山比松菸有利的地方。一年四季,不同的場館不時有令人驚豔不同主題的文創展演,每個禮拜去逛都會有不同的收穫,那些被詬病太多的餐廳,也適合不同的情境去用餐或社交。

誠品書店除了賣書之外,經
常有策展活動、藝文演講、
跨領域的交流,早就超越單
純賣書的單一功能。同時也
由一群愛書的人來擔任店面
經營、陳列的任務,讓讀者
能很自在地徜徉在書海中,
並促成各種買書的動機。另
書店和商店、餐廳複合式經
營,如何取得最佳平衡是一
大課題。

各國藝術家和文創工作者的交流頻度是激發雙方創作很重要的泉源，異國文化的元素對創作者的刺激可以產生在自己熟悉的國度內無法取代的元素。紐西蘭陶藝家在花蓮和原住民互動後產生的作品，但需有人能支持這樣的交流。

政大 EMBA 到京都愛染工坊參訪，主人親自解說一百年前的消防衣，這家藍染技術已傳到第四代，並到英國大英博物館展覽。

政大山上的「研創總中心」提供了空間，讓創意創新在此孕育、交融。除了不同的「研究中心」進駐，還有育成中心、創立方、冰火農莊、玩物工坊。各種可能的想像、實驗、熱情，人文與數位在景色優美，視野良好的環境，有沒有可能翻轉區位的劣勢？創創社是由學生自主成立的社團，推動校園創業的氛圍和知能。

在實踐大學附近有位服裝設計校友家裡是做縫紉機外銷，第二代以縫紉機相關的骨董物件為裝潢主題，創設了「索引」文創空間（Sewing Life），提供讓含服飾在內的文創藝術展演。台灣街頭巷弄之間有許多這樣的空間，地緣加因緣，各種社群可能逐漸成形。下圖的縫紉機設計圖是第一代創業時的珍貴歷史檔案。

周奕成「大稻埕、小藝埕」計畫目標十年百業千人億元。以 1920 年代「世界現代化」的背景為旗幟，尋回大稻埕在台灣文化與經濟發展的過程中所扮演的角色。透過迪化街歷史建築的重整，進行文創微型育成，街區再造、及推動台灣文化運動。為大稻埕注入創意元素，吸引多元的遊客，尤其是背包客，改變以南北貨為印象的年貨大街，成為新的文創聚落，目前已逐漸有各行業新血的入駐，風貌在逐漸改變中。

2

挑逗舌尖的音符

Directing the theater of the stomach

和食的無形文化資產

　　「和食」於 2013 年 12 月 4 日通過聯合國教科文組織（UNESCO）「無形文化遺產」的登錄。日本「食文化」的特色是世界上重要的文化資產，且其是「無形」的部分，這登錄和世界「美食之都」認定的旨趣不完全相同。

　　「美食之都」的多項條件中，有好幾項是「有形具體」的，如在城市中心有高度發達的美食行業，活動積極的美食機構，大量傳統的餐廳和廚師，本國特有的傳統烹飪配料，依然留存當地烹飪訣竅、方式和方法，傳統食品市場和食品產業，以及舉辦過美食節、烹飪比賽和相關活動等等，但「無形文化遺產」指的重點是什麼呢？

　　初步了解，日本和食被認為是「一套關於準備與享用食物及尊重自然資源的綜合技巧、知識和傳統」。和食特別以特殊晚宴的形式出現在日本新年的慶祝活動中，新鮮食材會以精美的擺盤方式呈現出來，有其各自寓意，並透過家庭、團體的分享代代傳承。

色香味背後的無形文化資產

　　中國成都曾獲得「美食之都」的封號，但中國的「食文化」要如何和世界的朋友說清楚講明白？是八大菜系、伙房 28 法？文化指的

應不只是刀工、火候、技術上的獨特性，而是無形貫穿於背後的信念與哲學。台灣的食文化中，又有什麼「無形的部分」，有別於「中華料理」，值得世界的人們所珍惜的呢？

台灣料理的代表是什麼？牛肉麵、蚵仔煎、炒米粉、滷肉飯、潤餅、黑白切，這些有形的菜餚背後共同的「台灣元素」是什麼？在各種台灣美食節目中，除了從消費者吃食感受的驚嘆口語之外，多會提到食材的選擇、特殊的規格或產地、儲存處理、熟成的訣竅、調味料的比例或配方，還有調理的程序、火候、溫度、時間的掌握，最後料理提供出菜的先後順序。這些非食材本身的過程、規矩與堅持較難被看得到，一般人也不易理解與講究，但這些看不見的才是「文化」。

在日本和食之前，獲得「無形文化遺產」登錄的是「地中海料理」。地中海料理的意象（image）是蔬菜水果、穀物、種類豐富，大量使用橄欖油，常吃魚類，適當的酒精飲料，但其被標榜並不單純是食材而已，而是其飲食的方法。和親朋好友拿著葡萄酒杯，愉快地享受而不在意時間的用餐風格，是很放鬆沒有壓力的，正是這種「文化」被凸顯出來。地中海料理除了重視使用當地新鮮的食材，也被視為「慢食」文化的發祥地。

溝通健康、節令、旬味、用餐速度

日本料理是相當講究節令、旬味，另一個優勢是其低卡路里、健康的飲食。即使是 65 品目懷石料理的味覺饗宴，熱量也可低於 1,000 卡。日本人對飲食的講究（articulation），即使是簡單的豆腐、味增、納豆，其製作與養分也都是日本傳統豐富食文化的一部分。同樣是米食的民族，即使是小餐廳，日本的米飯都有一定的水準，台灣一般還沒有這麼重視與到位。

日本的餐飲業界有許多達人、職人，兢兢業業在鑽研、深入、努力。過去在連鎖業繁盛的 70、80 年代，每年冬季的研討會（セミナー），會有全國二千多人聚在富士山下的箱根，為期一週的講習會。從各種餐飲業經營的策略，到食材、物流、調理設備、菜單、品牌的設計經營，每個時段平均都有十多場演講、討論，業者是很認真在學習。

另一個專業社群的證據是該行業的專業期刊（trade Journal）。根據我所知《月刊食堂》是創立於 1950 年代，在戰後百廢待舉的時候，這樣一本專業刊物的存在，代表有一定的讀者群，渴望餐飲新技術、菜單設計、廚具、店鋪經營、連鎖店的概念、營運等內容；也代

表有足夠的相關廠商、業者能提供廣告，還要有足夠的人能寫稿分享新知，充分反映了一個「產業生態」發展所需的各種專業人才。餐飲已超越賣吃的行業只是做生意或餬口混飯吃的境界，而是有知識、內涵、專業的工作，這樣的認知和實踐也是文化。

　　連鎖店餐飲業發展至今固然有標準化、降低成本、經營效率的優勢，但近年來「去大眾化」、有個人獨立特色的經營較受歡迎。拜網路方便之勢，很多老饕在部落格或美食網站上推薦、留言、貼照片相互介紹，有意者可按圖（文）索驥。很多個人店有很強的個人色彩，只有 7~12 個位置，不接散客，若沒事先預定，根本無緣享受。

與國際交流交換，開放廚藝簽證

　　日本餐飲業和世界的同業也積極交流，每年到國外去進修、研習的廚師很多，每年也邀請各國名廚或特色料理到日本來舉辦主題的活動。尤其要經常推出特別菜單的大飯店或連鎖店，由歐洲的主廚到日本指導、製作與推薦，消費者也跟著學習，認識各種新料理。這種開放的態勢激發出很多創作料理，讓傳統的料理除了堅守其正宗的精神與作法，也有機會融合與創新。

在 UNESCO 登錄成功後，和食文化有了更進一步的發展，即在日本的「學徒簽證」上，開放讓外國人到日本學日本料理（以前沒有教外國人廚藝的傳統），可讓更多人將日本文化傳播到他們的母國去。麥當勞靠品牌的強勢推銷美國文化，和食文化的外銷，走的是比較低調軟性的途徑。

（溫肇東，原載於《經理人月刊》，2014.03）

美味人生

　　法國美食料理聞名於世，但大家有沒有想過為什麼？是法國人天生就味蕾較敏感（需求端）？還是社會中廚師地位較高（供給端）？為什麼一個文化中會特別講究吃？有沒有其他因素會造成一個社會對飲食的觀感或飲食在生活中的位置？我們華人不是也講「民以食為天」或「吃飯皇帝大」嗎？因食之者眾，常常有吃不飽的隱憂，所以連打招呼都會用「吃飽了沒？」或者是因難得飽餐一頓，有機會吃，其他事物就都可擺下，唯吃優先？

　　法國人重視飲食在文化中的體現卻與我們十分不相同，楊子葆說他剛到法國留學時直接用鍋子吃生力麵，被房東糾正：「這樣吃東西怎麼餵養你的靈魂？」對法國人而言，吃東西不是只在填飽肚子而已，應有適當的餐具，適當的情境、節奏，才對得起食物，對得起自己。

從小從名廚學習美食體驗

　　法國人對吃的重視更表現在二十年前開始，每年 10 月舉辦的「味覺週」（The Week of the Taste），世界上還沒有其他「國家」有一個專門為美食的體驗及愉悅舉辦的節慶（以城市為單位的有紐約、

米蘭等），他們的目的是要以「真實食物」來對抗快速興起的速食。在這個嘉年華會中，主廚、廚師、農夫、作家，餐廳經營者聯合起來，以法國豐盛的美食傳統來吸引法國人及全世界的注意，從試吃料理到廚藝工作坊，美食示範及食材展覽，全國普天同慶。

在這週當中對年輕人的「美食教育」更是個重點，3,500 位主廚到各級學校做菜給學童吃，讓他們在 4~16 歲味蕾成長的過程每年至少一次能親口體驗「很好吃」和「好吃」的差別，許多餐廳也在該週提供大量折扣給孩童。

在「美食教育」方面的實踐上還有很多有趣的作法，例如：將法國因地形、氣候差異所生產的三十多種不同品種的梨子，和本國地理教學結合，不只讓孩童學習品味和辨別新鮮食材，以及其最適吃法（生、熟、乾、煮、醃漬），透過這些因品種特色及當地飲食文化的結合，同時自然而然地落實了「鄉土教育」。另外，巧克力是孩童的最愛，也讓他們體驗來自世界各地不同品種可可的製作方式及其不同味道口感。生產可可的地方雖分布全球，但只在特定緯度，因此一方面了解食材，一方面也透過產地學習世界地理，讓味蕾的記憶和地理名詞深刻地連結在一起，這不就是國民文化底蘊及飲食素養的孕育嗎？

法國廚師為自己的手藝爭取機緣

　　法國的廚師公會之所以這麼積極地花時間、花食材來進行「美食教育」，其實在傳承法國人引以為傲的味蕾及美學品味外，也是在維護自己專業的前途。當法國人從小就能區辨好吃和很好吃的差別，他們就能抵抗速食的入侵，長大以後有錢沒錢都會找機會享受美食，廚師們知道只要他們堅持美味料理的功夫，就會有人欣賞、有人付錢，他們的手藝不必屈服於科技、資本家或沒有品味的觀光客的壓力。

　　最近上映的電影《吐司：敬！美味人生》（Toast），把不會做料理的媽媽描繪到很入骨。因莫名奇妙的原因，她不敢買生鮮的東西，表面理由是怕來路不明，其實是不善處理食材，只會買罐頭食品回來加熱（反諷二次戰後急速工業化），為了吃弄到親子關係很緊張。烤麵包機烤出來的吐司塗上奶油，竟然是他們家中最好吃的食物，這些童年的經驗當然也是促成男主角後來成為名廚的動力。

　　為何在家料理是一件非同小可的事？瑞典駐台代表在某大學的一次演講中問有多少人會在家做菜，全場八十多位只有三位舉手。他很納悶，那你們的文化如何傳承？為何「文化」是透過在家裡的廚房及餐桌上傳承的？那些做不出媽媽味道的人會有什麼缺陷或遺憾嗎？在

餐桌上家人的談話內容，日復一日，餐復一餐儀式性的場合，是在承載什麼文化？在廚房裡兩代共同準備食材、洗切、烹調，對溫度、火候、辛香調味料的斟酌，甚至洗碗的例行工作，又會傳承什麼文化？

家族文化靠廚房及餐桌傳承

聯合國「美食之都」的評選標準，包括傳統烹調的特色，原生食材的永續栽培，生物多樣性的美食教育，廣泛參與的美食活動。成都以其麻辣及天蜀之國豐富的食材，獲選為美食之都。但我想巴黎或法國並不熱衷參選或爭取這項頭銜，因他們可能驕傲的以為自己已是最好的，不用別人來指點他們。

日本在 2004 年通過「食育基本法」，將吃的地位上綱到和科技、文創相當，因它攸關國民健康、豐富人性的養成、飲食生活及家庭教育、食品生產到消費的體驗、安全衛生，以及農山海村的活化及糧食自給率。台灣的各城市想獲得「美食之都」標竿的企圖比較重要，還是推動「食育基本法」的精神或「味覺週」的作法比較根本？

（溫肇東，原載於《創新發現誌》，2011.12）

料理的會話資本

　　2012 年 5 月份東京的一趟美食之旅，在這個米其林星級餐廳最多的都市，親身體驗了法式創意西餐及日本料理（懷石、壽司、炸物）等幾家餐廳。這些餐廳有米其林的加持，價錢當然不斐，但確實都有特色，有個性，桌數都不多，搭配其提供方式，讓你能完整充分地享受到其美味及服務。米其林的星星有一套給予的辦法，除了其色、香、味的烹飪品評外，我發現如何「說料理」也是一套重要的工夫。獨到精緻的料理從構想到烹調，固然需要各種廚藝基本功及創意，但論述自己的「料理主張」，包括量身訂做菜單的提供，到巧思各種食材、餐具及酒品的搭配，在現場的演出與「呈現」都相同的重要。有好幾家米其林餐廳都有出書，尤其是英文版，其料理攝影都非常專業，且多有西方名廚的推薦序，在這個圈子的生態及交流的潛規則也隱約可見。

　　就像《會話資本》（*Conversational Capital: How to Create Stuff People Love to Talk About*），副標題是「如何創造人們喜歡談論的東西」。這本書所強調的——你是誰、你說你是誰、人們說你是誰，三者之間的「一致性」。台灣各地的美食有一定的口碑，台北市或各地想要成為「美食之都」，「做好料理」、「說得一口好料理」、「粉絲團及食評家傳播你的料理」三方面齊頭並進一樣重要。因此，我們需

要一批會「說料理的人」，創造更多有關餐飲語彙，或稱「會話貨幣」（conversational currency），流通多了才有機會累積成料理的「會話資本」。

說料理和做料理一樣重要

近年來諸多行業都不景氣，卻有幾家餐飲業在逆勢中上市，也有不錯的成績，餐廳如能做出特色，經營有方，能有好生意，也能在大眾市場集資。另一方面我們也可以觀察到「寫料理，說料理」的人也多了，在書店料理相關的書籍突然多了起來，也可集成為專櫃，不時可看到以「吃及料理」做為主題的推薦攤位。（2015 年 4 月在信義誠品，看到以「吃味研究部・尋味慢遊饈習所」的概念在中央位置設計了明顯的專區展示，商業專區反而縮小被塞到角落。）

會有這麼多書，就是因為有這麼多人寫書，不寫不快；且出版商也願協助出版，表示他們認定有足夠的讀者。大家都喜歡搜尋國內外的美食，哪裡有奇特好吃的料理，喜歡研究如何做好佳餚，如何欣賞、品嘗美食。當大家重視「吃」時，做料理的人也不得不慎重，透過自我提升，得到激勵，得到尊重，會吸引更多「人才」投入這個「行

業」，成為一個正向循環的生態。

　　日本的餐飲業發達，其來有自。1956 年就有餐飲業從業人員的專業刊物《月刊食堂》。一本刊物的出現與存在要有一定的讀者，且有好的內容；但好的內容哪裡來，因有一些人會說會寫，不論是創新菜單、食譜的推薦、烹調的方法，生鮮食材的選擇、生產、處理、保存都有很多學問，以及有利於食材調理的廚具、設備的引介，餐廳的經營理念及管理方法。這些內容都是料理「會話貨幣」的不同面向，它們可以被論說、推薦及轉述。1956 年日本這些多元的達人，有足夠關鍵數量（critical mass）可促成這個專業刊物的發行，而有足夠的讀者也會吸引廠商的廣告，成為一個正向循環。我常說一個專業能不能成氣候，看看這個「專業社群」，有沒有足夠的會話資本，能不能支撐這樣的刊物，便是其中一個檢證。

料理也是視覺的享受和情感的傳遞

　　在台灣的餐廳看到料理就拍照的人越來越多，在臉書上有一定比率的影像分享是飲食、料理，朋友之間除了大量傳遞料理的攝影，大家也開始對內容「品頭論足」。除了在傳統媒體上寫料理的人，目前

從部落格出發，寫出名氣的「美食作家」也不少。說料理的會話貨幣多了，和各地的行家或一般的食客能有更多的交流，也是我們進軍「美食之都」的重要底蘊。

根據聯合國教科文組織「創意城市網絡」對申請「美食之都」需達到這八個要求：

1. 高度發達的美食行業已成為城市中的文化特徵；
2. 豐富的傳統餐廳與廚師構成充滿活力的餐飲社群；
3. 採用當地特有的食材加以烹飪；
4. 在科技進步的過程中，當地仍保有經得起時代考驗的地方祕方、傳統菜餚和烹飪方法；
5. 城市中仍保有傳統食品市場和食品產業；
6. 會舉辦美食節慶、烹飪比賽及美食獎項的推廣活動；
7. 尊重當地環境和推廣當地可永續發展的產品；
8. 培養市民參與及推廣教育機構的營養和烹飪學校課程，該課程中亦含括生物多樣性的內容等。

我們可逐一檢視，台北或任何城市是否能滿足這八個條件，且特色非常鮮明，這需要很多的達人在各崗位上的努力。在專業及產業上

的實績（人、食物、機構、活動）的質與量，我們需要有較完整的盤點。許多小吃、尤其夜市是在地小本經營，很多特殊的菜餚都是祖傳祕方、營業祕密，我們要想辦法將之「記錄」下來，能凸顯其特色又能維持其活力，這是我們會話資本的源頭之一。

美食之都會有很多廚師在電視上露面

由誰來說料理最有說服力，主廚能大方地和客人溝通交談互動，也是餐飲業提升的一個關鍵。台灣已有一些有國外歷練的廚師，也能和你說明他的理念。這次在東京遇到一位米其林的壽司師傅，聊到他想到倫敦去開店，有這樣的企圖的廚師，台灣可能不多。要在全球走動交流，語言也有一定的要求（像我們的職業球員在國外的聯盟發展），說料理給國人聽和說給外國人聽可能也有些許的不同。總而言之，增加料理的「會話貨幣」，累積其「會話資本」，我們還有不少功課要做。

（溫肇東，原載於《經理人月刊》，2012.09）

創意與美食常相左右

　　民以食為天，現在的上班族忙得沒時間在家下廚開伙，因此一個城市有很多好的餐廳是市民的福氣，也是生活的品味和樂趣。做出好的料理與提供好的服務其實有很多內隱知識，填飽創意工作的胃和充實其腦袋一樣重要，美食絕對是「知識經濟」中重要的一環。

　　《當行銷大師開了餐廳》作者羅馬諾在美國有「餐飲業的史蒂芬・史匹柏」之稱，他一生開創過28家不同的餐廳，其中有許多後來發展成全國的連鎖店，總值高達 100 億美元。每天有超過 20 萬人在他的餐廳用餐。義裔美國人的他，從小耳濡目染承襲了母親對食品的敏感度和廚藝的基因，同時也不斷地動腦筋，創造不同的價值來賺錢。在這本自傳中有太多的有趣的創意故事，除了可以應用在餐廳，也適用在一般的行銷。同樣是送報生，他不只是送到馬路邊的信箱，而是送到家門口，省得主人在寒冬還得出門拿取報紙，這樣的附加價值為他帶來可觀的收入。

老饕餐廳和平價連鎖各有訣竅

　　開餐廳和波特的競爭理論相同──差異化或成本優勢：前者指的是獨特風味或概念，通常是較高檔的餐廳，服務的客人較少，但是每

Chapter 2 | 挑逗舌尖的音符

位客人願為差異化的風味付較高的價格；後者指的是較平價普通的連
鎖店，但可服務的客人較多。

　　1980 年代初我在籌設芳鄰餐廳連鎖店及中央廚房時，有位經營服
飾業的吳先生也涉足餐飲業，他不斷推出創新型態的餐廳，從葡吉歐
式自助餐、IR、JR，但都只開一家，別無分號。連鎖店需要標準化，
不容許太多彈性，和創新似乎不易並存，像麥當勞、肯德雞不易有太
突出的改變，當時我還非常羨慕他的揮灑空間。但二十多年後，我們
可以在星巴克看到較多彈性，王品集團也似乎將二者組合得還不錯，
有十多個各有特色的業種業態，大部分的品牌也都可以做到多店鋪。

　　創新往往來自於邊陲，羅馬諾在美國邊陲佛州的棕櫚灘發跡，後
來搬到德州的聖安東尼奧，也是美墨的邊境城市，成功後才進入紐約
及達拉斯等大城開店。開創新概念店與日常的維運及擴展需要不同的
投入與專注，他自承不是企業乖寶寶，不願被日常營運綁住，因此餐
廳經營到一個程度便放手讓別人來繼續經營，好去開發下一個創意。

眼耳鼻舌身全方位的創意展開

　　除了餐飲外，羅馬諾也曾涉足流行服飾產業，並成為創投家與天

使投資人，投資過當初沒人看好的科學家，德州大學聖安東尼奧的醫學院血管支架的發明，他投資了 25 萬結果賺了上億美金。在 1989 年曾和斐洛（德州的富豪，92 年的第三黨總統候選人）並列為 INC 雜誌的封面人物。

　　開餐廳就像王品戴勝益說的，要讓顧客「哇哇哇」，這點與作者的「開店金律七」所見略同。從色香味，從眼睛、鼻子、舌頭的經驗，加上整體服務的感受都要讓客人有驚喜。作者隨著時代及居住的地點開創過各式各樣的餐廳，透過這些創新的概念與開店經營過程中遭遇到的問題，對有心想開創餐飲事業的人幾乎是一本完整的教科書。透過第一人稱伴隨個人生命故事，來述說每個餐廳構想緣起及結果，生動有趣令人愛不釋手。

　　每當有成功的店，從概念、室內設計到菜單都會有人模仿，他認為「模仿是一種真誠的讚美」。但他也很在意產品形象，曾為了智財權去追究那些抄襲者，也成為仿冒訴訟法庭的專家證人。他也表達有些品牌交給他人經營後，結果漸漸變質而感到的無奈。他每個餐廳的命名都能說出一些「故事」來吸引客人，並嘗試用各種方法來促銷新概念。他曾用一家成功的餐廳來改造整個社區，提高其房地產價格，也用過試吃、會員證、專用鑰匙等來提高顧客的歸屬感。「開放廚房」

讓顧客安心吃放心吃，則是他一貫的精神，應用在很多家餐廳。

員工顧客的心理擁有權

　　一般餐廳通常週一週二客人少，他也想出以免費招待抽獎方式，結果也能扳回人潮。對員工方面，他很早就提出「心理股權」的概念，當員工覺得是在為「自己」的事業打拼時績效自然好。如果用錯員工，他主張儘早讓他走路。當然他也不是沒有失敗過，有的是概念的失敗，有些是地點不對，甚至是合作夥伴不對。但他都當機立斷，設下停損點，開始去構思發展下一個概念。創新一定陪伴著各種風險，如果不敢嘗試也不會有成功的機會。

　　本書對台灣讀者的一個挑戰是，多少對美國的地景要有一點想像力，因有些創新和其社會情境與生活脈絡有關。但書中大部分的行銷，促銷手腕都是可以普遍應用的，祝大家閱讀愉快，用想像力來享受這本創意饗宴。

（溫肇東，〈創意與美食常相伴隨〉，原載於《當行銷大師開了餐廳──
我如何用一個概念賺一億》，推薦序，大是文化出版，2012.09）

魔鬼就在細節裡

前面幾篇文章，對餐飲、美食在生活和文化中的重要性已多所論述，但要將這些菜餚、食物的衛生、品質一致的提供在消費者面前，還是有它實踐的硬功夫和穩定的營運系統。剛好我曾為幾本和餐飲經營相關的書寫過推薦，可以補充在「供應端」面向的一些心得。

紐曼（Jerry M. Newman）教授在 57 歲高齡時，花了十四個月（2003-2004）實際進入七家漢堡店櫃臺後面，了解店鋪營運，並將其心得整理成書。當出版社要我為這本書寫書評時，我很快就答應了，因我自己曾在芳鄰餐廳度過三千多個日子（1981-1990）。從基層的內場、外場到整體的營運，以及因工作需要吃過各種不同的餐廳及速食店，我很容易理解或體會作者的用心。

SOP 總結呈現了所有的營運細節

連鎖加盟事業佔國內生產毛額已超過百分之十，是每個人生活中不可或缺的一部分。若能對其營運管理有更深刻的了解，除了對學管理的人，尤其是人力資源及作業管理，提供了更多實際的應用案例，也可以幫助讀者平日在當顧客等待或消費時，能有更多的角度來觀察零售餐飲的營運。

　　連鎖加盟事業雖不是什麼高深的科技事業，但能持續穩定成長、正常營運的店鋪，其實其背後還是需要一套很嚴謹、完整的管理系統，包括店鋪營運標準與手冊、加盟合約等。麥當勞就號稱有 25,000 條規定，從如何掃廁所開始，到薯條要炸幾分鐘、咖啡煮好多久就不能再賣。如何讓這麼多進進出出的打工族在執行這些標準作業程序時，都能徹底落實，並不是一件容易的事。

　　一個地區的零售業的水平，某種程度反映了該地區的「生活品質」。台灣在製造業逐漸外移之際，國內的服務業勢必要吸收更多的就業人口。而服務業從業人員的服務水準固然和個人有沒有服務的心境及熱情有關，但也和上述完善的管理系統成熟度有關。因此，年輕人若能在第一線磨練一段時間，應能對「現場管理」、「尖峰時間」累積較多的經驗。日後升遷為高階主管時，對工作的細節，以及系統會在什麼地方出錯，徹底理解「魔鬼就在細節裡」。

現場人類學家的捉摸

　　同時，書中也呈現如何將「現場」經營成一個愉快的工作場所。日本的迪士尼經營得相當成功，是學習「體驗經濟」的典範場域。有

人建議若能於年輕的時候，在迪士尼工作兩年，會對何謂「服務」有深刻的學習，包括如何給顧客歡樂，讓第一線從業人員有尊嚴且有意義地工作。根據作者的草根經驗，他也遇到過很多不愉快、不順利的場面，書中的這一些反面教材也是一種提醒，讓從業人員去思考如何避免並予以改善。

　　速食店除了快速讓人填飽肚子，也是給消費者一個歡樂的空間，成為工作與家庭之外「第三個地方」（The third place）。因此店鋪硬體的設計與安排是基本，更重要的是軟體和服務介面，這些境界需要由人來執行演出，作者以一個教管理的教授深入現場，用淺顯的文字，將餐飲業的「人力資源管理」中召、選、訓、用、獎、晉的「表」「裡」說明得非常務實清楚。用這種方式研究及撰寫的書並不多見，本書算是一個成功的嘗試。

（溫肇東，原載於《我在漢堡店臥底的日子：一個教授對服務業經營管理的探索》，

推薦序，商智出版，2007.06）

追記：鼎泰豐是台灣很成功的餐飲業，在台灣雖然只開了九家，年營業額已超過 20 億，在海外更開了近一百家。除了顯示其在品牌及經營技術移轉已累積一套成功的法則，並掌握到挑選海外合夥人的祕訣。更重要的，在台灣的經營管理細節，在林靜宜跟隨楊老板兩年之久，深入觀察體驗的力作《鼎泰豐──有溫度的完美》（天下文化 2014 年 7 月出版），更值得台灣人的學習。

餐飲連鎖在台灣

　　認識金海兄已將近四十年，那時候剛從美國回來的 MBA 人不多，大家組了一個 MBA CLUB，中文名叫「崇商會」。黎昌意、盧正昕、張國鴻、還有金海等都是當時的主要成員。在 1980 前後那幾年，大家都定期聚會，很多人在外商服務，之後逐漸有人轉到本土企業，或自行創業。

　　金海兄轉了幾轉，到 ERA 房仲業，後來進入連鎖加盟的領域一直到今天。如今很高興他將這十多年的經驗寫成專書《餐飲加盟連鎖最佳實務》，並邀我為序。我個人從 1981-1990 年人生最精華的歲月投入「芳鄰餐廳」的經營，是當時在台灣最早的餐飲連鎖體系，我離開時全省有 22 個店，並有一座每天可供應 5 萬份人食的中央廚房。

　　這十年間的創業與管理，從無到有，經驗過不少今天在業界已習以為常的突破與創新。以前的餐廳都需仰仗廚師，外場的服務生也都是全職，只做午晚兩餐。芳鄰算是第一個採用高學歷且無餐飲經驗的正社員及工讀生，從頭訓練起的連鎖經營。

品質、服務、衛生、與價值

　　芳鄰也首創「一日五餐、年中無休」，每天營運 18 小時，過年

也不休息；客人一進門全體員工以「歡迎光臨」招呼，過去這是日本料理店的習慣，但在連鎖體系芳鄰採用後，覺得也蠻有朝氣，零售業紛紛引用成為風氣。要做到這些創新，需要突破很多的觀念與習慣，我們都一一克服了。麥當勞、肯德基等國際品牌在 1984 年後陸續進入台灣，我們早期訓練的員工成為挖角的對象，芳鄰開發出來的供應商有部分也成為他們供貨的對象。

我們其實也不是從零開始，背後的經營知識主要來自日本的雲雀（Skylark）家庭式餐廳。1980 年當時他們剛創業十年，有 300 家店，如今已是一超過 3,000 家多品牌的餐飲集團（雲雀餐飲集團已於 2000 年在日本東京證券市場下市，創辦人四兄弟退出，由經營幹部承接，台灣芳鄰也改組轉型成「加州風味洋食館」和「古拉爵」等）。我很感謝從他們學到餐飲連鎖的「正確知識」——品質、服務、衛生的標準化操作。

一個產業要發達，一定要有優秀的人才加入，一定要有知識的積累，才會蓬勃發展，都是息息相關。若整個產業全都是黑手，技術與經驗只能用口傳，單店經營或複製有可能，但不易發展成「體系」。連鎖加盟過去二、三十年蓬勃發展，成為餐飲零售經營的主流，和體系經營者能將知識「文件化」有很大的關係。統一前總經理徐重仁

70 年代初在日本唸流通管理時，就發現日本政府在連鎖加盟系統相關知識的提供上給業者不少助益，一舉墊高日本的店鋪經營的水平。因此日本國內的品牌在國際品牌入侵之際，也能正面迎戰，發展出像雲雀、摩斯、樂雅樂等本土集團。

Food service is people service

反觀國內的餐飲業過去有些奇葩，但此起彼落，不是店數做不多，就是做不久，且市面上餐飲從業人員能參考運用的專書與期刊十分有限。直到最近的王品集團算是有一定的規模與基礎。日本的《月刊食堂》創於 1956 年，《飲食店經營》也有五十年以上的歷史，有一定人數的從業人員願意求上進，有閱讀需求是支持這類刊物出版的動力，加上有人願意分享，推薦新的知識、新的設備、新的食材、新的經營手法，相關知識的流通才能刺激產業的進步。餐飲業的工作很辛苦，站立時間長，接觸的又是水深火熱，還有挑剔的客人，要能成為餐飲達人本來就不易，何況還要連鎖體系與經營。

金海兄的書無疑給這個荒漠注入一股暖流，除了將他對連鎖體系的知識與經驗很有系統地鋪陳外，也很用心地收集了報章上的一些本

土的案例，有心的讀者應該很容易舉一反三。

　　若要我硬是找出本書還可加強的地方，我想既然是談「餐飲」，那餐飲的原點，料理的好吃還是很重要。美食如何做到色香味俱全，除了設備與流程的設計與衛生外，和溫度管理有很大的關係，冷料理冷提供，熱料理熱提供（包括餐具），是判斷料理水平的起碼。這方面，本書雖有些案例曾觸及，但在設計面及操作面如何系統性地做到著墨較少，金海兄或許可以在再版時補強一下，我們的業者若也能多注意，應該能開創出更好的連鎖體系，消費者也就有福了。

（溫肇東，原載於《餐飲加盟連鎖最佳實務》，推薦序，商周出版，2006.04）

體貼與細節

　　台北有家高級日本料理，每天稍晚一步就訂不到位子，我歸結它之所以會成功是因為它比其他的日本料理店講求細節，在每個層面上都較細緻。對一個挑剔的食客來說，成功的餐廳除了講究食材新鮮及料理得宜外，服務誠懇親切、裝潢有品味、杯碗瓢盆符合風格與訴求也不可忽略，它考驗的是全方位的品質，尤其是服務的人員。這和當年一些先進國家在改良產品品質時，先從品質控制、品質管理、全面品質管理、六個 Sigma 到產品完全零缺點，道理是相同的，這當中任何一項配合不當就會大大降低具體的價值。

　　然而全方位品質保持是非常動態且困難的，這家高級餐廳過去整體的表現品質還算一致，然而這一年或許由於擴充速度太快，有經驗的人員不停調動以協助展店，因此服務品質出現不穩定狀態，例如比較不親切、手忙腳亂、沒有從右手上菜左手收碗盤、杯子空了沒有續茶、毛巾髒了沒換等問題。這些不滿意雖尚可忍受，但當有一天一件較大不滿意事件發生時，則可能從此喪失老顧客。需知道忠誠顧客可以替公司免費做口碑而增加七個顧客，可是當你讓消費者不滿意時，他能散布不利公司的訊息，則可能影響到二十八個人！

細節來自同理心與用心

　　幾年前有位朋友大力推薦東區一家創意及別緻的日本料理店，該店的每道料理都有美麗的命名和故事。於是大夥兒一群二十多人就邀約前往。老闆為了讓大家同時享受相同的菜，早早開始準備。該餐廳不大，加上廚房設備的限制，結果不難想像，冷不夠冷、熱不夠熱，且出菜秩序大亂，和原本所聽到的完全不同。我馬上把這家餐廳除名，就像電腦的檔案般做永久的刪除。

　　該餐廳老闆犯了一個致命的錯誤是，如果他要讓顧客留下深刻的印象，以他餐廳的性質、設備及標榜的精神（美麗故事通常都是要在從容不迫下優雅地訴說的），他根本不應該接受我們這攤生意，他這種型態的餐廳最適合三到五人小組，不但較容易掌握食物的料理和出菜的時機，也較容易顯現出餐廳的特質。冷料理冷提供、熱料理熱提供是餐廳最基本的要求，忽略不得；另外在廚房裡烹調時講究所謂的火候，也就是用什麼樣的溫度、要調理多久的時間、在什麼時候才能下鍋等都是學問，差一點其實會差很多。除此之外，餐廳的好壞不單指上菜與提供服務，還包括容器的大小、材質、顏色、形狀及溫度的選擇，當然，食材好壞、烹調技術都是成功餐廳的先決條件，至於服

務態度與專業度、環境設備鋪陳則端視本身的定位與訴求。你能想像，到一家標榜高級餐廳用的卻是塑膠碗盤時會有什麼感受？

　　M 型社會是最近熱門的話題，然而大部分焦點仍在富者越富、貧者越貧的話題。其實 M 型社會中有一個有趣現象，就是有兩股非常具有潛力的消費力，一個是高所得的徹底奢華，另外一個是高品質低價格的新奢華。金字塔最頂端對每個細節一向都很重視，而當今社會主流以嬰兒潮世代為首，擁有龐大的人口數的新奢華族群，他們也要求品質，更需要藉由產品或服務獲得令人難以忘懷的美好感受與回憶。他們重視獨特的體驗，而能滿足他們這種需求與渴望的就是「細節」。女朋友因男朋友一個貼心小動作而感動地嫁給他；壞學生因為老師一句關愛的話從此改變一生。如果你能充分掌握這兩股驚人的消費力，將為市場帶來無限的商機。

從產品、服務的細節決定生活風格

　　台灣目前設計出來的東西，大小、顏色、形狀和材質等乍看下全都一樣，可是細較之下和歐、美、日卻不一樣，那也是因為還有些細節未做到。歐、美、日的產品能夠標到較高的價格，是因為他們做到

一些我們不能做到的細節。細節也是人與人之間緊密程度的橋樑,當我們細微觀察到別人痛苦而加以關懷時,可能贏得一個終身朋友;當我們可能一時粗心或疏忽時,則可能嚴重傷害到別人,雖然我們絕對沒有那個意思。類似的例子在你周遭比比皆是。

而細節的展現來自同理心與用心度,從產品、服務到人的細節,也就是前面所提到的全方位人的素質,有有形及無形兩個層面。對細節了解、洞察與掌握程度的深淺,決定我們國家生活層次與風格,更決定我們人生、工作或事業。對細節的重視到最後成為素養的一部分,是自然的,不是吹毛求疵的,也不會感知遲鈍,更不是以自我為中心。當它自然地流露,毫無勉強與做作時,那就是最高境界,也是台灣應該追求的境界。

（蔡淑梨,原篇名〈細節——競爭力的來源〉,載於《工商時報》,2007.03）

台灣美食的機會

　　「泰國廚房」前幾年在海外拓展市場，頗有斬獲。目前全球有13,000多家（2008年）「泰精選」（Thai Select），成為各地外食的一種新選擇。我們台灣以小吃、夜市自豪，很多觀光客來台灣都稱讚，引起大家希望我們也能將「台灣料理」推廣到全世界，但事實上這是極為艱難的事。

　　「泰國料理」能有今天的成果，和他們輕食健康的形象，以沙拉和炸物，酸酸、甜甜、辣辣的異國風味，很容易被各國人接受。其實他們所下的功夫很深，單一窗口、分級訓練、統一供應設備及食材、香料，連外交部都參與這場文化行銷。泰國在全球都沒有敵人，各國大使及外交人員，因此都不太需要辦政治、爭外交，反而搞文化、交朋友、推銷泰國料理才是正事，所有的交際應酬都必須到泰國餐廳。泰國餐廳在海外分三級，從平價的到高級的宴會（每人100美元以上）都有，台灣小吃要如何安排與呈現，一人100美元的小吃菜單要怎麼開？

　　CNN最近有一項報導列舉了世界上最好吃的五十道料理，台灣料理榜上無名，連中國料理唯一上榜的只有北京烤鴨（排名第五）。美國最多有七道上榜（爆米花、冰淇淋、烤乳豬、甜甜圈、番茄醬、洋芋片、德州烤豬肋排）；泰國第二，有四道上榜（包括排名第一的

泰國馬沙文咖哩）；入圍三道的國家有日本（壽司排名第四）、英國、義大利（拿坡里披薩）、墨西哥、加拿大等，另有三道菜被歸為「全球料理」（布朗尼與香草冰淇淋、牛奶玉米 Corn on the Cob、水煮龍蝦）；越南（Pho）、新加坡、香港、印度和德國各有兩道料理入圍。臭豆腐則被歸類為東南亞料理。當然你可以說 CNN 這份名單是非常「美國人」的觀點，但亞洲入圍的也不少，料理中確也有外交與文化的成分，反映出人與食物交流的程度。另外，你也可以挑剔說這份選單中料理的「單位」並不清楚，番茄醬與洋芋片都算一道料理，它們能和北京烤鴨或壽司等量齊觀嗎？

用什麼料理和世界溝通

不可諱言的，台灣料理與世界的對話，邂逅機會還不夠多，雖然來過台灣的觀光客（每年 500 萬），多會對台灣的小吃或料理印象深刻，但泰國一年是 1,700 萬，新加坡、香港也都超過 1,000 萬。韓國即使有《大長今》，很用心地將韓國的食物成為戲劇的主軸；金大中在推文創產業時，曾透過政令要求其電影電視劇都要有餐桌用食的場景與畫面，造成之後的韓流、韓潮，但也沒有料理入圍 CNN 的選單。

　　台灣人的世界觀是很片面的，我們所認知的「世界」與實際有相當的差距，何況什麼料理最能代表台灣也莫衷一是，牛肉麵嗎？小籠包？蚵仔煎？潤餅？世界上的人（像挪威、南非、土耳其）如何看台灣？我們實在不清楚，我們所認識的世界是相當侷限的。當然一般的美國人也不見得多有國際觀，即使有 CNN 全球的 24 小時新聞台。台灣號稱多元文化的融合，台北各國各式各樣的餐廳已經不少（有許多餐廳是在國外生活過或專門學了廚藝回來開的），但比起真正多元性的「國際」都市還有一段距離。即使是在網路資訊這麼暢通的時代，人們旅行交流的機會很多，但世界仍然是「斜的」，想要把「台灣美食」推銷出去，我們需要做的功課還很多。

　　台灣的料理要上世界舞台，若我們無法開一個「料理東西軍」之類的節目，邀請各國廚師來競賽，是不是要有廚師能上世界各國廚藝比賽的節目，只辦個「牛肉麵節」或「湯包比賽」夠嗎？要幾個吳寶春才能夠讓世界知道台灣人也會做麵包？

用什麼語言和世界對話

　　寧夏夜市推出「千歲宴」（二十道超過五十年的小吃），是很有

創意的想法，且已有 8,000 桌的訂單，但我想仍是華人為主。很多年輕人會將料理拍照在網路上分享，但仍然是中文為主。台北、宜蘭、台南很多城市想成為「美食之都」，以料理和世界交流，但更多人可以用英文說台灣料理的故事可能是亟需突破的，否則只是停在自我感覺良好的層次。

　　曾經在香港中環，看到他們舉辦的「品味·中環」是融合美食、食材、新食尚、攝影展和食譜創作比賽。中環有許多高級食府六星級名廚，配合擔任評審，並將獲獎食譜重新演繹。台灣常號稱我們有各地的中華料理，其實香港與新加坡也有，美國各個華人較多的唐人街，也都吃得到道地的中國各地料理，已不完全是台灣優勢，何況我們要強調「台灣」料理，如何與中華料理區別仍是一項不簡單的挑戰。

（溫肇東，原載於《創新發現誌》，2011.09）

活化品牌生命力

　　台灣的農業是以小農為主的經濟體，大部分農民因為資本小、耕作面積小且產量少，在目前以大企業經營為主的農產品通路市場，農民要找到合作銷貨的通路相當困難。近年來，許多農家開始經營自己的品牌尋求突破，以特殊的市場區隔或行銷創意，向消費者訴求「Made in Taiwan」的在地食材，並利用包裝差異化、企業合作、體驗活動設計等手法提升品牌的價值。

　　以台灣的稻米產業為例，許多小眾品牌正以後起新秀之姿快速崛起，其中獲得 2011 年亞洲最具影響力設計大獎的「掌生穀粒糧商號」、宜蘭行健有機夢想村的「行健米」及 YAHOO 青年微革命的「南澳自然田」，均憑藉品牌的力量訴說台灣在地農人的故事，傳達台灣的在地價值。

從掌聲鼓勵到掌生穀粒

　　李建德與程昀儀夫婦原本從事廣告工作，有感於對台灣美好事物的珍惜，希望把台灣的在地價值找出來，於是創辦了「掌生穀粒糧商號」。首先，掌生穀粒從探訪台灣各地耕作的稻農出發，以影像記錄台灣的風土人情，用文字書寫小農們的農家紀錄，憑著精緻的手工包

裝與動人的農家故事，掌生穀粒將傳統舊有的事物賦與新的面貌，於網路上販售強調新鮮碾製的台灣米，逐步成為網路上知名的農業品牌，也讓買米、吃米、送米變得時尚，成功打進台灣的禮品市場。

2009 年後「掌生穀粒」逐漸成為台灣人生活的品牌，除了與多家企業合作開發專屬的包裝米贈品，誠品書店開設「台灣知味館」時更主動邀約進駐。2011 年掌生穀粒的商品連續兩年獲得台灣文創精品金獎，同年更陸續獲得德國紅點設計大獎，與 2011 年亞洲最具影響力設計大獎，證實了掌生穀粒所代表的農業精神已獲得全球的認可。之後掌生穀粒也陸續鎖定台灣在地的茶葉與蜂蜜，開發不同產品線，並利用行銷包裝的力量傳達每件產品背後所代表的台灣價值，成為台灣在地的農業品牌。

行健有機農產生產合作社

三星鄉行健村位於宜蘭縣西南端，行健村張美老村長對環境保護及有機栽培有極大的熱誠，自 2008 年便有成立有機村的想法，並大力推廣有機耕作，經過各方努力後，於 2009 年 12 月 2 日成立行健社區有機村，開始生產有機農產品。2010 年 8 月在有機村農友對有機

的堅持下，農友們共同組成「保證責任宜蘭縣行健有機農產生產合作社」，創立了自有品牌「行健米」。

為了快速提升品牌的價值，行健有機陸續推出家庭認養、企業認養等服務方案，其中的企業認養方案，由行健有機農產生產合作社選出通過有機認證的契作稻田，指定有機農友進行管理，由合作社負責監督、檢驗、管理、碾製、收成，包裝好後交付認養企業。合作社則為企業提供精緻禮盒包裝並放入企業標誌，每期舉辦二次大型稻米插秧、收割活動，提供企業員工體驗農村生活的管道。

2011 年行健有機生產合作社陸續與寧美公司與國立政治大學EMBA 簽約，共同認養行健有機村稻作，其中寧美公司認養的產品包裝上維持行健米小包裝的形式，僅在中間牛皮紙部分附加企業標誌，在設計上傳達純樸且簡單的形像，作為企業贈禮有效提升企業公益形象，而「行健米」也透過與不同企業與機構的合作，快速累積其品牌知名度。

科技農夫創辦的南澳自然田

2011 年奇摩舉辦了「青年微革命」網路票選活動，「農夫」成為

台灣最想感謝的小人物第一名。「南澳自然田」透過此次活動結合「體驗活動設計」，成功打響自己的品牌知名度。南澳自然田的創辦人陳昌江是傳統的農家第二代，有感於台灣很多土地、水源都受到嚴重的污染，於是從科技公司主管職位提早退休後，懷著乾淨土地的夢想，回頭當起農夫創辦「南澳自然田」。

南澳自然田以「契作代耕」為主要經營模式，讓消費者成為農產物主，而農人成為代耕者的契約代耕方式，讓消費者與農夫共同分攤風險。為了達到親近土地的目的，陳昌江推行不使用農藥、肥料及化學物質的自然農耕法，輔以換工假期的服務方案讓消費者體驗農耕生活，所謂「換工」即是以工作換取免費的住宿及三餐，參加者可以依自己的情況自由選擇參與時間的長短，重點是藉由親身參與農耕的過程，培養對土地的尊重與情感。南澳自然田憑藉體驗活動的推行逐漸獲得消費者的認同，不但被交通部觀光局列入不分區國際光點計畫的一環，也成功成為提供農業體驗服務的新品牌。

觀察上述三個農業品牌的發展，成功之處均在於找到自己的定位並貫徹創辦人的價值主張，掌生穀粒希望為台灣小農發聲，推廣台灣在地農產品；行健有機夢想村希望改善農夫生活，進而讓大家享受平價的有機米；南澳自然田則訴求乾淨土地，讓大家體驗農耕進而認識

土地、尊敬土地。除此之外，他們懂得運用新的網路科技，以最小成本建構自己的品牌價值、行銷自己的產品，不論是撰寫網路部落格忠實記錄農人的故事，經營 Facebook 社群平台培養忠實顧客，或建構網路購物平台縮短與消費者的距離，他們都以不同的新思維在經營傳統的農業，建立品牌彰顯在地農產品的價值。

從生產到消費、從產品到體驗

綜觀台灣農業品牌的經營，大致可從兩個面向著手，如圖所示，第一個面向（橫軸）表示農業品牌價值活動的重心，軸的一端代表在地生產，它代表農業品牌的價值獲取源自於農人的產出。軸的另一端代表行銷推廣，行銷推廣意味著農業品牌的價值獲取來自包裝或服務設計所提升的附加價值，可由外來業者經營，不限於本地農人。第二個面向（縱軸）則表示農業品牌價值傳遞的方式，軸的一端代表產品，它表示直接提供消費者實體的農產品。軸的另一端表示體驗活動，體驗活動代表將農業生產過程設計成旅遊行程，而消費者需參與其中。不論是哪種經營方式，我們可以看到農業品牌的成功多得力於外部力量的注入，不論是法人機構的諮詢輔導、企業的共同合作或返

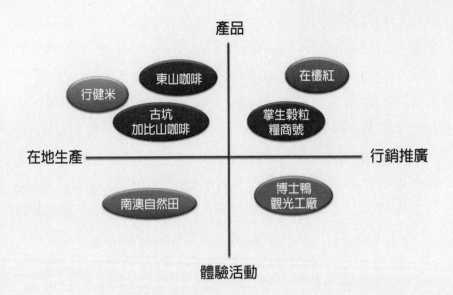

鄉農友的創新經營，都為傳統農村帶來新的活力，創造新的農業價值。

　　近年來，台灣政府為調整農業人力結構、促進農業轉型升級，開始鼓勵休耕農田復耕及擴大農業經營規模。經營農業品牌所帶來的前景，將能創新農業經濟價值，農產品單價的提高將使農民收益提高，進而增加整體農業產值。在此狀況下，農地長期休耕導致雜草叢生、

蟲害肆虐的問題可獲得改善，有利於活化台灣農地等自然資本；農業
復甦所創造的就業機會，可鼓勵更多年輕勞動力投入農村，有效累積
台灣農業的人力資本；多元農業品牌下形塑的動人故事，可吸引都市
居民到農村體驗生活，縮短城鄉的距離並加深消費者對土地的認同，
有助於涵養台灣更深層的社會資本。台灣農業擁有豐富的文化底蘊，
台灣農業產品具有珍貴的在地價值，「Made in Taiwan」的品牌價值
需要被更多人認識，唯有跳脫傳統農業初級生產的經營思維，注入更
多活力與創意，才能打造屬於台灣農業的百年品牌，將台灣的在地價
值行銷全世界。

（溫肇東，原載於《農訓雜誌》，2012.07）

半農半 X──在地與創新的生機

　　台灣過去的繁榮從加工出口區到科學園區，從鳳梨、蘆筍、洋菇、三夾板、陽傘、紡織成衣、運動器材、到個人電腦，基本上都是外銷，許多材料也需進口，台灣的「附加價值」在微笑曲線的最底部，相對有限。換句話說，透過微利的代工，但因量大，最大貢獻在就業機會及增加所得，也適時引導農業人口轉進輕工業。因此台灣經濟發展主流論述的基本關懷是環繞在「訂單」與工作上。在全球競爭的邏輯下，生產力是第一要務，為了獎勵外人投資，優惠的措施是必要的，環保、土地、勞工的議題就被妥協了。

　　因此，我們造就了一些在國際市場上有些許競爭力的產品，但這些產品為追求最低成本，一再逐水草而居，轉到東南亞或大陸，沒有什麼產地忠誠度。我們很多「世界生產第一」的紀錄只能成為歷史。我們曾經是世界這麼多產品的提供者，所得到的回報是什麼？我們付出了什麼代價？超抽地下水，工廠林立在田中央，好山好水的存量驟減，台灣下個世代的繁榮，所賴以生存的「資源」是否已被消耗殆盡，新一代的創新能力是否能著床在這片土地，這是在後 ECFA 時代很大的考驗。

　　就像《半農半 X 的生活》作者塩見直紀所看到的，現今社會面臨著環境、食物、心靈、教育、醫療設施、社會福利，以及社會不安

定等種種問題。塩見因此提出在這樣的時代中，半農半 X 的生活才是比較理想的生存方式。

腳踏實地 發揮天命的理想

「半農半 X」，就是一方面可親手種稻穀、蔬果，以獲取安全的糧食；另一方面從事能夠發揮天賦特長的工作（X），取得穩定的收入，並且建立個人和土地及社區的連結。因為「農」必須接觸土地，接觸自然，對個人和土地的健康都有益。這樣腳踏實「地」，又能發揮自己的天命或專業的理想概念，在日本被很多人接受並開始實踐，台灣也有多位友人已在花東地區展開這樣的生活方式。也有更多的人把自己對「在地食物」的熱愛，謹慎挑選原料，發揮創意做成商品、建立通路，讓更多人可以享受自然健康的美食。

就在本書付梓之際，正好發生了胖達人事件。誠實標誌與廣告訴求是所有食品行業的挑戰，書中八家公司的規模都還沒有像胖達人那麼迅速的發展，但他們都一步一腳印，戰戰兢兢的成長。本書所採訪的在地精食個案的業主，他們強調的不一定在規模、或在量，他們更在乎產品的品質、與整體呈現的質感，想要販賣與交流的還有背後的

故事與意義。

　　兩位作者都很年輕，不到三十歲，目前都有其正業，利用業餘的時間，以她們的熱情為台灣這一波在地精食創業的故事認真採訪、寫下了篇章。兩位都是政大科技管理研究所畢業（大學唸的分別是台大農經系和政大新聞系）。很巧，她們畢業後的第一份工作都在設計相關產業（The One 和橙果），這樣的背景和本書的出現及呈現主軸，是否有些線索可循。首先，她們的企畫主題與熱情，博得與企業家訪談的機會，因這些個案都已有人寫過，她們切入的觀點及提問也獲得創業家的認同，雖不是專業的寫手，但她們筆尖所蘊含的人文素養及對土地的關懷，還是流露在各個篇章當中。

　　台灣有很多慢食知味人士，也有一些人因興趣投入精食的創作與生產，他們比較在意的是有沒有人欣賞他們，並不太在意成本或經營的層面，這樣只是對美食、精食社群的培養有所助益，對創作者來說只是嗜好（hobby）。即使貿然開了餐廳，或拿到市場去販賣，沒過多久可能就無以為繼，不了了之，消耗了一些親朋好友的投資或資源，無法成為企業，蔚成產業。就像許多文創工作者，只能在創意市集擺攤，走不到下一個里程碑，進入通路，或建立品牌。

　　本書的八個個案，基本上至少都過了第一關，有自己的品牌，清

楚的職別，能在重要的通路上露出，如誠品的迷台灣（Meet Taiwan）
或好丘，經過市場的洗練，他們調整、修正過第一代產品。為了使更
多的精食創業家或在地的文創工作者，對成長的營運模式更有觀念，
兩位作者在每個個案之後，用現在較流行的亞歷山大‧奧斯瓦爾德
（Alexander Osterwalder）營運模式（Business Model）的九宮格來分
析。

以價值主張為核心的營運模式展開

　　九宮格從最中心的「價值主張」（Value Proposition）出發，針對
選定「市場區隔」（Market Segmentation），透過「通路」（Channels），
並建立「顧客關係」（Customer Relationships）；為落實價值主張，
組織要規劃「主要的營運活動」（Key Activities），動員組織內的「關
鍵資源」（Key Resources），並聯繫必要的「策略伙伴」（Key Part-
ners），如此才會產生收益流（Revenue Streams），並發生相對應的
成本結構（Cost Structure）。

　　九宮格以及九格之間的相互關係非常緊密，因此這是一個很受
用、很實用的模型。如果有哪幾個格子你「說」不清楚，就是你還沒

「想」清楚，它可能就是你的罩門、你的盲點。兩位作者雖然是商學院畢業的，但並沒有創過業，因此她們對每個個案的分析可能有未盡之處；但透過八個個案洗練下來，讀者也可以某種程度熟悉此一九宮格模型，這是本書和其他精食或文創的書籍最大的差異之處，有較多的管理意涵。

在地精食創業不只要有溫暖的心，也要有冷靜的腦，把營運的任督二脈打通，這八家公司的創業者更是腳踏實地，動手做出獨特創新的產品。這樣的努力可能拼不出一家能和三星競爭的公司，但可以創造出更多的中小企業。在分眾與長尾的時代，中小企業的彈性不正是我們最擅長的嗎？我們不需要全部的企業都要大到不能倒，尤其那些和其所賴以生存的土地、社區都沒有關係的大企業。

在半農半 X 的理念下，創業家不只天賦得到發揮，這些創新對土地、對健康也有所貢獻，也讓農民、農產品找到生機，可以修補整個上一代較沒有為台灣的人民與土地考量，真正為台灣創造可長可久的價值。

（溫肇東，原載於《來自土地的夢想事業：台灣食文化品牌創業紀錄》，
導讀，遠流出版，2013.08）

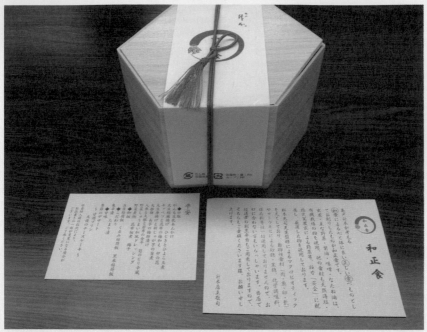

2013 年日本亞洲創業大賽研討會中午的便當，從包裝到內容都很精緻，色香味兼顧。料理介紹的文案和設計都能給價值感帶來加分，和台灣便當的處理差很多。日本便當還有一個優勢，冷食亦很可口，不會走味，一個便當中有多少無形、有形的文化元素，這樣的飲食文明是如何累積起來的？

在東京神保町小巷裡，有一家米其林餐廳「傳」（Den），從料理、餐具、擺設都很有設計感，在吧台的高度，也可以很清楚看到師傅調理的過程。這一道半熟的蛋要和手作豆腐一起食用。有一次晚餐因生意太好，第二輪 9:30 才開始，只有我們和另一組小提琴家，過了午夜，剛好是主廚 35 歲生日，小提琴家即興演奏助興，賓主同樂互動是很可遇不可求的經驗。

有機會在品川新高輪王子飯店參加日本同學的結婚喜宴，八道菜的法國料理搭配的餐具非常壯觀，場所佈置非常雅緻，桌上禮盒、桌上盆花的裝飾方法也較少在台灣看到。過程氣氛也很熱鬧溫馨，多了一份莊嚴，但又比較雍容自在，這樣獨特的情境脈絡（context）設計和展現不亞於食物（content）本身的重要性。

萬龜樓的「竹籠便當」是一家超過 300 年的老店，現在的主人也是傳承 30 代的主廚。當天中午他以高跪的姿勢，很熱心、津津樂道地解釋竹籠便當中的十多樣料理的原料及烹調方法。餐後，主人在門口協助我們換鞋，並一起拍照，接近客人的心和舉動，和料理一樣地令人感動。

泰國美食（Tai Select）不只在各國成為新潮流，在曼谷亦有很多廚藝學校成為觀光行程中特殊的體驗。藍象廚房提供二冷盤二熱炒的課程，收費 3,000 多元，參與境外學習的 EMBA 同學很認真的沉浸（immerse）在作菜調理的情境，輸人不輸陣。除了飲食的體驗外還可拿到「藍象」的證書，以及圍兜等行銷其品牌的周邊禮物。

台北也有類似場所，讓消費者有機會進廚房，體驗基本的刀工、火候、烹煮煎烤等專業的技術，供應者和消費者的互動也是行銷或提升美食水平的必要過程。右邊這張是泰國的烹飪教室，特別為講解而設計，台北是直接進廚房現場，做中學。

每個美食之都都會有支撐其餐飲業及人民日常生活的傳統市場，每天供應新鮮優質的食材，從主食、魚肉、蔬果到堅果、配料、南北貨。傳統市場在全球各大小城市並未完全被現代化的超級市場所取代，它們有什麼無形的魅力？

季節性食材新鮮又便宜，很能促進銷售，並帶給消費者四季愉悅的期待，也是日本料理獲得「無形文化資產」的主要理由。四季如春的台灣，很多食材通過科技的改良，四季都能生產，反而減少了時令的感受及樂趣。11 月份日本牡蠣上市季節，比台灣餐廳中便宜許多。

速食、慢食、外食、辦桌,飲食的形式越來越多元化。台灣的外燴近來也比較流行,原住民的烤山豬還有視覺上的效果,在戶外的碳烤,和在巷弄門口的中秋節烤肉的味道和氣氛差很多。上圖是台灣業者在上海的拓展,Green Kitchen 豐富多元的食材零售和餐廳複合式經營,很受當地人的歡迎。

3

揭開設計的面紗
Unveiling the canvas of design

看見與聽見

台灣在過去十年間，設計產業看似發展很快，展覽、國際獲獎的種類與規模都成長很多，從事設計相關行業的人也明顯增多。但這些「量變」是否有帶來「質變」？台灣的生產、生活、及生命都有因此而提升嗎？更有「設計感」嗎？設計在組織內的功能從美工、設計課、到設計部；主管設計的頭銜從經理、總監、設計副總、到設計長；最終，設計的價值能否進階到董事會的策略層次？

設計師的五感器官對周遭事物的觀察、覺知與感受應該要很敏銳。一般人很容易「有看沒有到」（looking without seeing），「有聽沒有見」（hearing without listening）。英文說 I see，是我「看見」了、明白的意思；說 I hear you，也不只是我聽到你說的，而是我明白你話中的意思。能深入觀察，洞識到問題所在是傑出設計的根本，而其核心就是「同理心」。設計師應真實地過「生活」，真正在「使用」、「享受」各種產品，才能理解使用者的情境與痛點。多去旅行、多唸點書，也能增加自己對周遭世界人情理解的廣度與深度。

比得獎還重要的事

好的設計最重要的是要有「價值」，能解決某些問題，因此改善

了人們的生活、工作、身體、家庭或娛樂。設計不只是變換材料、造型、或增加美感、令人賞心悅目而已。最近丹麥設計中心負責人在台北分享，2006 年起有一個新的設計獎 INDEX，有別於 iF 或紅點（Red Dot），目的是要「改善人類的生活」。他說這個社會並不缺一個有設計感的咖啡杯，或一張有美感的沙發。即使是已開發國家亦有很多亟待解決的問題，我們不需要太多錦上添花的設計，而是要多一些「雪中送炭」，用設計來解決生活上的問題，才能發揮設計的價值。

好的設計環境是有許多人願意「談」設計，討論各種「作品」，而且大家都有足夠的「語彙」，不管是從設計、美學、市場、成本、營運的角度，讓設計師之間、與使用者之間、評論者之間都能充分交流，相互切磋砥礪，讓設計的價值落實到我們的生活裡，產生影響力。當然有時也不一定需要太多的「語言」，因設計是很視覺的，但要有不同場合、媒體可以互相展示、披露，看多了就會有所啟發。好的設計環境「生態」是讓每位設計師的創意，能適得其所發揮他的價值，不論在提升生活、美感經驗、或在產業上有影響力，最後也能讓設計師合理地獲得他應分到的價值。

（溫肇東，原載於《台灣設計師週專書》，2013.08）

設計策略的發想

　　台灣的設計出頭天了，以 2008 年為例，國際設計獎的紅點獎
（The Red Dot Award）公布得獎名單中，台灣榮獲了 62 座獎項，其
中包括了 5 座金獎；加上之前公布的 77 座 iF 獎，締造了比去年成長
九成的獲獎紀錄。近年來，台灣廠商在重要設計展獲獎的比重日益提
高，表示工業設計的創新愈來愈受到重視，這是可喜的現象。

不以得獎為目標的設計

　　得獎之後，並不一定能保證商機。有些設計是為獲得「設計獎」
而設計的，一項產品的設計能夠獲獎，等同免費宣傳該商品，但卻無
法保證銷售一路長紅。關鍵在於：設計背後是否有一套完整的設計策
略。我認為，想要讓台灣的設計領域在世界上佔一席之地，當然可以
先衝「量」，儘可能在設計界曝光，但同時必須也能強化設計背後的
整套策略，才能讓產品叫好又叫座。

　　「通用設計」（universal design）主張每個產品、建築、或空間應
讓所有人都能夠均等地、彈性地、直覺地、多元辨識、省力及適當地
使用。每個人在某方面都有或多或少的失能（disable）情況，殘障者
只是外表上比較明顯。因此很多人都能因通用設計的產品而得到較方

便的使用。「財團法人自由空間教育基金會」創辦人唐峰正，本身也是殘障者，他從 2007 年開始就推動通用設計大賽，吸引許多設計者投入這項比賽。前兩屆入選的作品於 2008 年 5 月份還跨海到日本台場的豐田通用設計中心展出。

這些通用設計得獎作品的設計都不錯，只可惜有些作品在設計之初並沒有「設計策略」的考量，例如第一屆得獎者設計了一個可以輕易撈起最後一粒米飯的盤子，造型也很有美感。這名設計者或許認為他的任務到此結束，缺乏將此「創意商品化」的概念。商品化的思考指的是這樣的造型要透過什麼通路、用什麼價格、賣給誰？應有什麼尺寸的產品系列組合？可搭配其他餐具在什麼場合使用，以呈現多元的使用情境及生活風格。此外是否能加上色彩或圖案，展現多樣面貌，更具賣相，甚至跟英國、丹麥餐瓷名牌談授權或合作，也是不無可能。

原鄉與時尚透過設計而融合

另一個例子，2007 年文建會與青輔會舉辦的「原鄉時尚設計與創業比賽」。許多參賽者所提出的設計固然有創意，但如何將此「創

意的價值極大化」，卻有相當大的缺口。有一隊為澎湖的景點設計出
不同的公仔，計畫在各個景點販賣該公仔，卻沒有思考整體行銷的層
面。例如：單一公仔在洽談陳列空間時，所具備的優勢與條件是什
麼？要多少多樣的作品，才能撐起基本的展示空間，引起消費者及遊
客的興趣？澎湖每一個景點只賣一個公仔，所具備的優勢與條件是什
麼？是否有什麼方式也可以在台灣的通路如便利商店上販賣？如果故
事講得夠精彩或許還能當促銷的收集品，如 Hello Kitty 或哆啦 A 夢。

　　國內的設計養成教育雖不斷在進步，但從課程的規劃者或是設計
學院的學生，在設計的過程中，是否能同時思考設計策略，或者設計
之後的商品化策略，才能將創意設計的價值極大化。

　　設計師是在人群生活中尋找創作的靈感，因此應該要對「市場」
非常敏感，才可能有「驚豔」的作品。對市場的洞察力，包括產品和
產品線的組合、行銷通路、消費者行為、與商品化有關的概念及實務
經驗。設計者若能愈早涉入田野去實做，不僅能快速深入行規、行
話、文化等，更重要的比較能掌控創意更高的商業價值。如果要透過
第三方介入，設計者與業主就會增加協調成本，而且設計者只能從這
個商業模式取得有限的利益，因此這個缺口，如能由設計者來銜接是
比較理想的。

理解國際行銷的遊戲規則

　　另外一個促成設計者快速成長的方式，就是即早參加國際競賽，在直接跨級比賽的過程中，即便是被淘汰，都會吸收難以取代的國際經驗，累積了如何利用作品的力量跨入他國的文化，進而發揮感動國際的力量。

　　想要讓自己的作品登上國際行銷之途，到最前線打仗勢不可免，所以成功路徑不一定是在台灣成功才往外發展，而是一開始就可以選擇國外的戰場。只要設計者能掌握到國際市場的「方程式」，呈現的語言、技法，以台灣為特色的「異文化」元素也有可能因其差異性與稀少性，而被國際所欣賞、接受。這樣就能享受到較豐盛的果實，這些果實不只是多幾個獎項、多幾篇報導，而是因創新的設計引領風騷，得到國際的訂單及邀約，可進軍更大更寬廣的國際市場。

（溫肇東，原載於《創新發現誌》，2008.05）

設計的價值

　　台灣的設計業可說於 2011 年的世界設計大會達到最高峰，跨平面、工業及室內設計三個領域的全球會議三十年來第一次合辦，且地點是在台北。這是台灣設計圈的榮耀，也是過去一、二十年的台灣設計實力被肯定的表徵。

　　近年來我們在國際的設計大賽獲獎無數，但那些得獎產品能成功轉為商品、或在市場中能熱賣者寥寥無幾。設計在台灣產業中的附加價值仍有侷限，以 ODM（原始設計製造商）為主的系統廠商能雇用近百位設計人員，已勉強算是對設計的投資與承諾。台灣的設計服務業一般規模都很小，九成以上少於十人，平均每個設計案的金額不到 20 萬。設計的人多半不擅管理，也難有經營及策略的思考；反之，一般經營者通常不了解設計，對設計的價值並不重視，對設計師的尊重也很有限。

有策略的設計才能提高附加價值

　　設計的價值要從美工、裝飾，提升到成為產品或解決方案的核心，其價值才能真正凸顯出來，但台灣較少有這樣的經驗。這當中所需的能耐當然也不是狹隘的設計技巧或方法所能成就的。台灣同時具

有設計的訓練，又是組織的操盤手，或能進入策略的決策圈（總監或副總以上）的並不多。裕鈞身兼設計師與總經理，在本書，他即以設計師 CEO 現身說法。

裕鈞有美國東西兩岸（羅德島及巴沙迪那）最頂尖設計學院的薰陶，從小又在家電世家成長的硬底子，尤其他的四叔洪敏泰試圖擺脫日本松下的束縛，創立普騰及泰瑞的經驗，對於長孫的他應有深刻的影響。如今家電巨人松下也面臨經營的挑戰，而他以設計專業出發，其作品創意屢次得到肯定（IPEVO、邵逸夫獎座，以及多座 iF、紅點獎），使他得以輕資產（不同於家電廠的重投資）、賣創意、賣智慧的姿態，在設計界嶄露頭角，是企業家第三代獨立成功站起來的一個典範。

從沒有過科班訓練，我自己和設計的淵源，小學畫過二張油畫，高中校刊、畢業紀念冊編輯。大學除了圖學，還旁聽了建築系四年的評圖。在工業工程學的工廠布置，後來在芳鄰餐廳 22 個店的平面動線及中央廚房的規劃、菜單設計，多少有些應用。我也有察覺到自己對一些設計原則的堅持，如簡單、效率、或空間上的對稱，也算是設計在事業中實際融入了經營的思維。

設計能不能管理、要不要經營

　　裕鈞除在序言中交代他與設計結緣的過程，之後的章節透過他的
學養，將設計背後的道理，以及創意背後的「梗」，陳述得深入淺出。
我第一次邀他來政大，是參與「未來發生堂」通用設計的座談，之後
也陸續在不同場合與他互動，如今他將其設計的理念集結成冊，對如
何將設計的價值充分發揮出來，希望能給設計師及經營者有些啟發。

　　每一個章節的英文標題也都「設計」得很有哲理，很簡潔，中文
並不是直譯對照，頗能增加思考的深度。各篇短文許多和時事有關
連，讀者很容易可以看到他的設計觀點和價值主張，尤其 BOT（Bet
on Taiwan）一篇更是充滿了創意與反諷。

　　台灣的設計要更上一層樓，發揮更大的價值，要將設計擺到對的
位置，要有更多經營者能理解設計的道理，也要有更多的設計師有經
營的概念，這本書作為兩者之間的橋樑，相信兩邊的人都能欣賞，會
心一笑。

（溫肇東，原載於《有道理的設計──設計師 CEO 的跨線思考》，
推薦序，遠流出版，2012.06）

追記：2015 年在上海拜訪了二家設計公司，IDEO 和 Continuum，前者發跡於矽谷，後更以「設計思考」見長，後者創立於波士頓，都在全球多處設有據點，在上海約二至三十人規模。他們目前都已跨越工業設計產品設計的層次，走向服務設計，或提供策略性解決方案的諮詢顧問，因此有時會和廣告行銷公司或顧問公司競爭專案，而且要價不斐，因此找上門的都是真的難題。

台灣設計思考、服務科學、服務設計也推動多年，但雷大雨小，還較少看到成功的案例，仍然停在謝榮雅說的設計 2.0 或 3.0 的階段，附加價值不高，同志仍需努力。

創意來自生活脈絡

　　過去台灣多是為品牌商代工，依其規格有效地降低成本，準時交貨，對最終消費者的使用情境及生活脈絡了解較少，沒有建立自己的品牌，所分配到的附加價值也相當有限。

　　從 2005 年起政大的經濟部學界科專「產業創新能耐平台」，我們探討從傳統科技研發、成果運用、商品化的「科技推式」價值鏈，對台灣產業影響的效果極微。即使我們公私領域的研發投入不曾稍減，我們的專利申請數、SCI（Science Citation Index）論文篇數不斷地增加，但我們的產業發展和這些研發的成果及專利的關聯度有限，每年還要支付大量的技術權利金。因我們的實驗室、我們的工程師都比較「科技導向」，不了解市場上及使用者「要的」是什麼，規格是買家開給我們的，我們的電子五哥系統裝配商，較少能以自己的品牌將最終的商品或解決方案提供給消費者，較不熟悉「需求拉式」的創新運作。

　　因此我們的學界科專建議在創新的價值鏈上，應補足我們所缺的環節，從「未來想像、生活脈絡、展演示範、社會實驗，到營運模式及服務系統」等「人文社會面向」都需要一一整備其環境建構，也就是在「科技創新系統」之外，再設法增加上述的「人文創新系統」環節。

　　由孫式文教授帶領的團隊，即是負責「生活脈絡」分項，強調在創新實踐時，能理解顧客的「生活脈絡」與「使用情境」是重要的能耐。除了從理論與概念上建立分析架構，他們也積極蒐集國外的個案，本書的 53 個個案都是創意的產品或受到歡迎的解決方案。他們從「生活脈絡」與「使用情境」的觀點，剖析還原該產品的創意。這些創意或設計通常不需要什麼艱深或突破性的科技，而是對生活上，人們如何使用器物的觀點著手，透過設計與巧思，增加趣味及使用動機，甚至可以改變人的行為與習慣。

　　孫教授的生活脈絡小組曾在很多場合，為不同的對象精心尋找適合的分享，大家都很喜歡他們的分享，覺得很有啟發。商周出版社也覺得可以讓更多的朋友了解這些案例，創意是來自對生活周遭細膩的觀察，是來自我們和這些產品的接觸介面，或使用時的友善易懂。這些善用「使用者經驗」的分析不一定需要科技或設計的背景，只要用心，大地皆文章，生活皆故事，等待你去挖掘，去體會，因此，他們也為本書取了一個不太平凡的名字「非創意不設計」。

　　值得一提的是，書中每一張的圖片，經過三個月的聯繫，大多數的個案主都樂意授權，讓這些創意得以擴散，還有些更談到進一步合作互動的可能。過去我們可能怕麻煩就不經授權直接用，或乾脆不

用，可能會減少精彩豐富的機會。結果本書的團隊鍥而不捨，意外成就了一次國際交流的經驗，也能完整地將科專成果分享給大家。

（溫肇東，原載於《非創意不設計 非設計不生活》，推薦序，商周出版，2012.06）

向達文西學習

2006「達文西未來中心高峰會」（DA VINCI Future Center Summit），三天活動的地點安排在義大利佛羅倫斯及比薩之間，即托斯卡尼地區，包括達文西的故鄉文西小鎮，因此會議也以之為名。會議第二天的議程是「學習過去創造未來」，上午在六十年前比雅久速克達誕生的工廠進行討論，下午則向六百年前的達文西學習，包括其故居及博物館。

其實在這個地區，大家都稱呼達文西的名字「李奧納多」，他的故居座落在丘陵山間的一座小山頂上，四周望下去都是橄欖樹園，不禁令人思索：這個不起眼的地方為何能產生這樣的天才？是因為此處地景地貌饒富風味與顏色，加上像六月豔陽天之下的光影，對達文西的想像力與圖像能力都能有所啟發嗎？

不斷提出問題並動手解決

為了慶祝達文西誕生 500 週年，這 14,000 人的小鎮於 1953 年設立了「達文西博物館」。達文西一生的研究範圍很廣，上至天文，下至地理，包括建築、交通、醫療、度量衡、戰爭武器等，館內蒐藏了許多達文西設計的器物模型，因達文西留下不少設計圖及手稿，足以

重新建構其創作。舉幾個簡單的例子，他一生當中有許多有關水的研究發現和設計，他探索水的各種型態、運用水力，而設計出潛水艇、潛水設備。達文西活在戰事頻繁的年代，1490-1505 年間，他曾先後擔任米蘭及佛羅倫斯統治者的軍事工程師，因此設計出許多具有防衛性的城堡工程，以及極具有攻擊性的武器，例如投石器、大砲、機槍、弩箭、戰車、攻城器等。

　　達文西的筆記與手札提供了一個相當有力的傳承，讓我們有機會了解他的科學研究。他每有創意，通常不只是紙上談兵，也常依設計圖做出原尺寸的模型，拿到現場實際操作再修正，這類例子比比皆是，而且有記錄可循。

　　達文西超凡的成就根源於他敏銳的觀察力，以及直覺掌握最基本的問題。當時的科學發展，比較受限於假設與定理框架之中，而達文西的創新將科學從思考的束縛中解放出來，建立了一套以直接觀察自然做為起點的研究方式。

　　另外，「達文西圖書館」也蒐藏許多有關達文西及其作品的研究，每年都有很多學者及研究生來此，從不同的角度對這位天才進行各種探索，並且從研究中得到很大的啟發。我們在一整個下午能看到、討論的，也只是達文西作品的一小部分，甚至完全未觸及解剖、

天文及美術。

一位充滿玩興的思考者

當然，達文西有一些設計構想從今天看來並未完全成功，卻一點都不會降低大家對他眾多創意的讚歎。我們不禁要問：今天或未來的達文西在哪裡？會不會再有這麼博學多聞的創意工作者？即使愛迪生一生一千多項的專利，研究的廣度仍比他窄了許多。

達文西是一位好奇又充滿玩興的思考者（curious playful thinker），他不斷提出問題，例如：太陽和水可以幫助計時嗎？如何讓鐘發出聲音而告訴我們時間呢？人可以在天空飛翔嗎？如何將重物移到很高的地方？他樂於這樣反覆推敲與想像，激發出更多不同領域的創新與想法。

「好奇、玩興與思考」是今日我們面對動態世界教育啟發的重點。包括如何激發學生的想像力、觀察力，引導他們提出有意思的問題，從而進行有創意的解答，同時記錄與反思，隨時進行意義的建構。如果我們不奢求像達文西這樣的創新者，當今在各行各樣也有很多「達人」，對不同的領域有很深入的鑽研。如果這些達人都願意在

部落格留下自己創新的概念與素描，與大家分享，應該會比六百年前沒有印刷媒體、資訊不流通的年代，更能將這些創意引發更多的迴響相互刺激，在外顯化、內化、與結合之間反覆激盪，造成更多的創新螺旋。相信達文西在世，也會鼓勵這樣的 "creative common"。

（溫肇東，原載於《科學人雜誌》，2006.09）

通用設計

　　高矮、胖瘦、男女、老少、強壯、孱弱、左手右手、懷孕、行動不便、每個人都不一樣。「通用設計」（universal design）是希望有關設計製造出來的東西，能為大部分的人所用。我們在使用各種東西時，可以更細心去了解很多東西很難使用，設計與製造東西的人應找到方法讓產品能更方便地使用。

　　在家裡，一般的剪刀並不適合慣用左手的人，寶特瓶或某些瓶蓋需要較大的力氣才能打開，餐廳的椅子太高或太低，母親很難使用錄放影機，某些文件或用具的字太小不易閱讀。

任何族群都很方便使用的設計

　　在戶外，收門票的地方對乘坐輪椅的人太窄，在火車站的指示標誌讓人困惑，自動販賣機的按鈕太高或太低，階梯的每一階尺寸太寬或太窄，老婦人爬樓梯非常辛苦。每個人身材、體型、力氣、五感能力與靈敏度都不一樣，通用設計是有關創造出來的東西，能為所有的人所用「design for all」的概念。

　　環顧四周，我們可以問：為何產品會長這個樣子？這個樣子有什麼好處？當你開始仔細去觀察就會發現，我們周遭有很多東西是不方

便、很難使用的，這樣的觀察就是通用設計的開始。

符合通用設計的七大原則為：

1. 使用的公平性——設計應適應許多不同種類使用者。

2. 適應性的使用方法——設計應能適應不同人的喜好與方法。

3. 簡單易學的、符合人性直覺——不論使用者的經驗、知識、語文能力及專注程度，其使用方法應簡潔易懂。

4. 提供多管道媒介的訊息——不論周遭環境狀況，有效地透過不同的溝通媒介，讓使用者有效了解相關的使用訊息。

5. 容錯設計（可回復功能）——產品設計應盡量降低因意外、或因不注意所引起之錯誤。

6. 省力之設計——設計應要有效率省力，舒服並不費力。

7. 適當的體積與使用空間——站著、坐著、行動或移動間都很方便。

通用設計另有三個次要原則為：1. 可長久使用具經濟性；2. 品質優良且美觀；3. 對人體及環境無害。

台灣即將進入一個我們從未經歷過的快速老齡化而成熟的社會，你是否能想像在高速公路上開車的駕駛有三成是 65 歲以上？交通號

誌、汽車儀表板及交通規則是否要調整？另一方面，網路及行動電話
的迅速進展與普及做為基礎的知識經濟，會對我們過去所熟悉的產品
有多大幅度的改變？ M 型社會及數位落差會對不同產品的設計，在
功能上、外型上造成什麼樣的衝擊？

講求市場區隔與客製化的極致

在無所不在（ubiquitous）的網路世界裡已經存在的「任何時
間」、「任何地點」之事實，經由通用設計，我們所要嘗試達到的另
一個目標，應是「任何人都可使用」與「使用方式簡單」之境界。這
和行銷策略上，講求市場區隔與客製化的極致是相通的，每項產品都
希望回應個別消費者的需求，在不增加成本的前提下，讓更多人能享
受、方便使用。這也是在未來幾年內，我們的社會及企業所面臨的重
大挑戰。

（溫肇東，原載於《經理人月刊》，2008.05）

149

追記：當其他手機大廠為不同族群、市場區隔的需求進行機海戰術，每年要設計上百種不同款式時，蘋果推出一種設計的 iphone，黑白兩色。結果大受各年齡層的歡迎。之後的 iPad 也是從 3 歲到 83 歲都各得其所，老少咸宜，其實更早的 iPod 有相同的設計理念。「design for all」的訣竅不只在硬體的閱讀方便，主要是配套的軟體及有足夠的應用 App 及服務，還有收費模式、整個生態系的建立。這已不是傳統產品設計、工業設計的概念與範疇，Apple 堪稱「通用設計」的實踐者。

追求個性的設計旅館

　　個人於 80 年代在台灣投入餐飲連鎖系統的營運，在當時的商業效益所追求的是標準化及規模效益。但是三十年後，在文化創意產業當頭之際，「獨一無二」似乎才是追求的目標，但是這些獨特的業者透過另類的聯盟，也可以達到互相奧援的效果。這個典範移轉在個人一次旅程中偶然體悟，提供給讀者參考。

真正的特色：雋永而大器

　　2009 年仲夏，我到日月潭一遊，在涵碧樓房內桌上看到一個由「設計旅館」所發行的刊物《新方向》。內容提到，設計旅館的商標只有十六年的歷史，要成為其會員並不容易，2008 年有 400 多家申請，只有 25 家通過，有 60% 在申請的第一關就被淘汰，因為他們對旅館的設計概念說不清楚，或者他們是連鎖旅館中的一員，他們主要是找「獨立經營」而有特色的旅館，評審的標準有下列七項：

　　第一是「旅館的概念」或者是「該建物最獨特的真實特性」，使其能創造出一個完整的圖像與氣氛，因為他們的旅客都是資深的旅遊者，不只是在尋找美感，而且在追尋一種啟發與靈感。「傑出的建築設計」與「卓越的室內設計」是第二與第三項標準，從建材及各種材

料的選擇，到對各細節的注意都是關鍵，但即使是最細緻的織品或最酷的照明，如果組合起來沒有能凸顯主題概念，或發揮整體的效果也是枉然。

接著是包括永續力在內的「責任」、或「重視生態環境的建築與營運」的第四項標準，如在墨西哥紅土高原的飯店是否能與周遭環境融合一體，或在水岸的飯店能注意水的循環。第五、六項則是「熱情」（passion）與「想望」（desire）這二個看似「無形」的元素，當旅客走進旅館「有」或「沒有」這二項元素都會變得非常真實，有的旅館以「夢想」為核心，替旅客圓夢；有的旅館以舊皇宮為基地，這要讓你有尊貴與威權的感受。

人性元素 掌握精髓

最後一項則是「人」，從建築、業主、到從業人員，都是「人」才能將「概念」活生生地演出。通過初審的申請者，會經過許多次的互動，來確認這是一家「獨一無二」且合乎上述標準的旅館。一旦被接受成為會員，「設計旅館」會在你開業前一年就開始幫你行銷。

喜歡這類旅館者，很多都是全球的旅遊者，他們當中很多是從事

文創、電影、音樂、時尚、藝術及娛樂等產業的人士。在這份刊物
中，他們提到 2009 年很合乎他們對此刊物的命名「新方向」，因為
許多當代生活的舊結構——在動搖，是典範移轉的最佳時刻。「設計
旅館」的審定也將其主要焦點從建築與設計移向其背後的人，設計已
經不是一個加分項目，而是旅遊世界中的必需品。能掛上設計旅館商
標的旅館之所以出眾，是因為「傑出美學」都和心智或靈魂這些無形
的元素結合在一起。就以被過度使用的「生活風格」一詞來說，對
「風格」的了解和對「生活」的了解一樣重要。

心神盪漾的全新體驗

就像一個成功的展覽會，設計旅館的終極目標是讓每個旅客的
「停留」，在情感、審美及心智都是一個難忘的轉化（transformative）
經驗。

日月潭的涵碧樓，佔到一個獨一無二的位置，有其天然的地利，
建築設計的概念也充分把握了這些特點，發揮對「水」在各種感官上
的處理。但仍有很多的細節是需要積累的，從裝潢設計的細節，到服
務的眉角，都還有改善的空間。

　　其實「質與量」並非一定要衝突，像國內的喜瑞飯店、台北商旅系列都是透過獨特的設計風格，他們採用簡單但有個性的旅館設計及管理模式，集合多家中小型規模的旅店，降低單店的損益平衡點，具有採購和行銷上的競爭力，也能達到其一定的規模效果。因其產品的獨特性，也抓到穩定利潤的發展空間。

（溫肇東，原篇名〈追求量的第一，不如成為質的唯一〉，載於《創新發現誌》，2009.10）

想像未來的能力 現在就應準備

　　某天晚上我在車上聽廣播時，「水果奶奶」趙自強所主持的兒童節目中，他一連問了三個 10 歲前後的小朋友，「假設你已經是十年後 20 歲的人，你再回來跟現在的自己對話，你會想跟自己說什麼？」他們都愣了一陣子，才勉強擠出「我會告訴自己要好好唸書」之類的話。很顯然他們缺乏對時間座標的概念，而且對未來也沒有認真地思考過或是想像過。

想像未來 建構前瞻力

　　有人說過六年後最重要的十種工作，至今都還沒出現。有這麼嚴重嗎？回想一下六年前，iPhone 才剛上市，Facebook、Line、Wechat 也還沒在你我生活中。六年後我們要處理的問題很可能是從來沒想過，用來解決問題的相關技術也尚未出現。

　　台灣過去以代工為主，只要成本低、品質好、交期快就夠了，我們的教育也培養了善於解題的工程師。但未來，甚至現在我們的代工製造已幾乎全移到大陸，我們必須再往更有附加價值的研發、創新與品牌發展，對未來的「消費行為」、「使用情境」要有更多的想像力。如果我們仍然沿襲過去的教育內容與方法，將無法培養出未來面對更

多的模糊與不確定的應付能力，能問對問題的下一代。因此，有關未來的想像愈來愈重要，不論是小學生，乃至大學生，都需要相關的知識、技能、態度，才能對未來有前瞻力與適應力。倘若缺乏這方面的準備，台灣面對未來的變動將會捉襟見肘、驚惶失措。

十多年前教育部推動的《創造力中程計畫》，影響了許多學校，動員遍及台灣甚至離島校園角落的力量，已種下了創造力的種籽；為了不讓這個動能消失，教育部又正式推動並列管「未來想像與創意人才培育計畫」。

在第八次全國科技會議，我們積極推動「未來想像」的概念，並建議要列入未來的各級教育，我有幸擔任該部分的撰稿委員。在執筆過程中，整理了國外對「未來教育」的積極做法，如麻省理工學院（MIT）在「寫作與人文研究」（Writing and Humanistic Studies）開設的「想像未來」（Imagining the Future）課程；英國的未來教育（future education）包括巴斯泉大學（Bath Spa University）教育學院（School of Education），以及資格鑑定及課程管理局（QCA）開始正視未來想像教育；聯合國教科文組織也推動為永續的未來而教育（Educating for a Sustainable Future）等。台灣在這方面若能加緊腳步，為時應不會太晚。

人文 將引領科技發展的方向

　　未來想像有下列幾個特性。在過去，人類的科技生活主要是技術導向，生活被科技推著跑，沒有好好思考這些新規格是否符合我們想要過的生活。因此，未來想像的第一特性是回歸人文層面，從人們的需要來描繪生活的內涵，需要什麼樣的科技，科學家和研發人員再以此為研發的方向。

　　第二，要導入更多前瞻性的思考，必須透過「全民參與想像」的過程，形塑大家渴望的未來，並且統籌政治、社會、宗教等面向，考量老人、成人與小孩的渴望，不只接軌數位落差，更要接軌智慧落差。例如，國家資源要投資在哪些替代能源，要能透過產官學研全民各界的參與、想像與討論，而不是一小撮人純粹用科技或經濟單一面向來決定一切。

　　第三，未來想像不是點的突破，而是整個系統的創新。iPod 需要 iTune 系統平台的運作才能撼動音樂產業、改變生活，就是一個絕佳案例，善於產品創新的 SONY 就錯過了機會，提醒了台灣要揚棄只做硬體設備的思維，應盡快走入系統化的思維規劃，才有能力作加值較大的服務。像數位電視或遠距照護產業誕生困難，就是因為設備

廠商多數只做自己熟悉的那一塊，沒有與他人整合做出服務系統。

　　第四，想像未來需要更多「圖像表達」的能力，因此「說故事」能力將成為必要技能，把未來的事情愈說愈清楚，才有機會與人溝通討論，未來的輪廓才會更清晰，我們的決策及預算分配才會更有效率與效能。

　　第五，未來必須跨領域團隊合作，追求協同合作，和消費者積極對話。像國內電動車、電子書等各廠商多是希望各自做自己某一塊領域，或是消極靜觀其變，看看其他業者發展的情況明朗再決定加入。然而一個未來的世界不會等待我們，走向開放與合作，即早討論與思辯恐怕是一條必經之路，也是生存之道。

（溫肇東，原載於《創新發現誌》，2009.08）

創意平台 TED 的發展

　　1984 年，美國加州身兼建築師與平面設計師的理查·伍爾曼（Richard Saul Wurman），發起一場朋友之間的腦力激盪活動，他們來自建築師、科學家、教育家、詩人、劇作家、創業家、設計師等不同的領域。這些人對未來充滿熱情，又有一些叛逆，聚在一起討論最新、最酷的點子，以及如何可以改變這個世界。為了讓討論聚焦，每人有 18 分鐘的說話時間，談論主題設定在科技（Technology）、娛樂（Entertainment）及設計（Design）三個領域，因此命名為 TED。

　　直到 1990 年，每年一次的大會開始在加州的蒙特里（Monterey）正式舉行，自此吸引到一批有影響力的聽眾，而且數量不斷成長。來自不同領域的聽眾，基於好奇心、開放態度、以及想要認識外界的渴求，全都聚集到此，除了聽這些 18 分鐘的演講，他們也分享彼此的驚奇發現。

值得傳播的創意概念

　　儘管當時的 TED 是僅限受邀者參加的聚會，沒有對外發行廣告或公關活動，但是 TED 似乎讓大家開始知道如何與彼此交流的重要性。許多重大的「創新」都在此首次發表，像是蘋果電腦的麥金塔

（Macintosh）電腦，以及 Sony 的 CD 光碟片。TED 秉持著「Ideas Worth Spreading」的信念，隨著時間累積，參與人數、活動規模、討論主題等的範圍都越來越廣。

直到 2002 年，媒體創業家克里斯・安德森（Chris Anderson）買下 TED。他創辦過媒體公司 Future plc、發行過雜誌 Business 2.0，熟知 web 2.0 的力量。從 2006 年起，發展出 TED Talk，將 TED 的演講影片上傳到網路上（包含官方網站、YouTube、iTunes），讓全世界都可以免費收看。如今，所有的 TED 演講影片都是以創用 CC（Create Commons）的方式予以授權。截至 2011 年 4 月，TED 官方網站上共有 935 則影片提供大家免費觀賞，觀賞人次超過 3 億次。

Facebook 與 Twitter 分別於 2004、2006 年創立，網路不再是新鮮事。2006 年 TED 結合了社群媒體（Social Media）的新勢力，也是其爆炸性成長的關鍵年。TED 憑藉著這股勢力，加上同年推出的 TED Talk 計畫，不僅將這些精采且重要的演講更廣泛地傳播出去，TED 本身的品牌與價值也隨之水漲船高。如今 TED 在 Facebook 有 85 萬 3,745 個粉絲，Twitter 上有 35 萬 6,814 個追隨者（followers）。

TED 在 2009 年開放品牌授權（open licensing）——TEDx 計畫，以城市為名，用在地的故事、TED 官方認可的會議形式，讓世界各

地的 TED 愛好者，都可以在自己的角落舉辦 TEDx，不收取授權金，讓他們去實現 TED 的理念。

　　TEDx 計畫的成效很顯著，第一年就有 35 個城市加入，共舉辦超過 1,000 場的活動。截至 2010 年 4 月，全球已有超過 70 個國家加入 TEDx 計畫行列，超過 35 種語言、100 個學校參與，2010 年底已累計有 1,700 場活動、參與人數超過 10 萬人。

善用年輕志工，群眾的感染力及動員力

　　每一年的 TED 大會都會上演許多精彩的演講，但是由於語言的隔閡，許多精彩的 TED 演講只限於懂得英語的人才能夠欣賞。為此，TED 在 2009 年推出開放翻譯計畫（TED Open Translation Project）。該計畫將累積的 900 多則演講影片由 TED 提供英文字幕，再讓全球志工翻譯成各種語言，截至 2011 年 4 月，已經翻出 1 萬 7,749 則影片、81 種字幕語言、投入 5,378 位翻譯志工。翻譯數量最高的前十名語言分別為：西班牙語、法語、保加利亞語、簡體中文、葡萄牙語、義大利語、韓語、阿拉伯語、繁體中文以及羅馬尼亞語，都有 7~800 則以上的翻譯。

　　TED 總部每年投入的製作經費約 100 萬美金，除了邀請各領域有創意的人士登台之外，還要「訓練」他們。TED 團隊用六個月的時間與講者溝通，傳授 18 分鐘演講的注意事項，包括語氣和肢體語言，18 分鐘的投影片雙方要來回修正數次。但光有「內容」還不夠，舞台、燈光、音樂、佈景等所有影響參與者感官的細節，都會由百人團隊設計思量過。

　　TED Conference 固定每年 2 月底、3 月初在蒙特里或長灘（Long Beach），入場券是 6,000 美元。四天三夜的活動約有 50 位講者，平均一天有 10 位講者上場。TED 從不對外發放媒體採訪證，卻仍使贊助商趨之若鶩，包括 GE、IBM、SONY、AT&T、BlackBerry、Coca-Cola、Gucci、IDEO、Intel……，跨領域的贊助商都樂意資助，由此可見 TED 多面向的吸引力。

　　TEDxTaipei 從 2009 年起由許毓仁、彭宣璟爭取到，在台北辦過三場，主題有「台灣的故事」、「創意三部曲」（Unlearn, Play, Inspire）、「下個十年」、「我們看見希望」等，都吸引到很多人，門票秒殺。另外，台北也辦過 TEDx 艋舺和 TEDxYouth。這個創意平台於很短時間內在全球擴散是值得注意的現象，其營運模式也值得探討。

（溫肇東，原載於《創新發現誌》，2011.07）

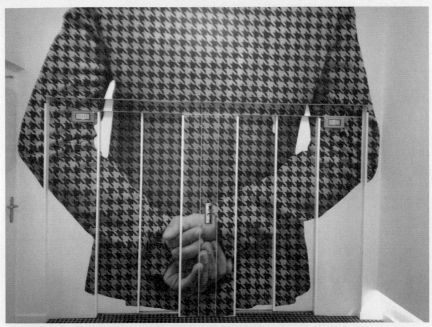

巴塞隆納市中心一家都會「設計旅館」的電梯間，在有限的空間內展現獨特的風格，房間的布置及用餐的露台雖為附近的大樓所環繞，但都充滿了視覺上的挑逗。台灣各地的城市也開始有這樣的旅店或民宿，可吸引自由行或背包客。下圖是上海一家很有設計感的酒店。

前方的球體是達文西有名的創作標的，在他的故鄉達文西鎮，周邊是葡萄園，鎮裡有他的故居
（五百多年前），還有他的圖書館。2006 年未來中心高峰會議有一個下午的議程就在當地舉行，
晚上還設計了一個中世紀的晚宴，包括菜餚及部分食器，「回到未來」感十足。下圖是當地一個
戶外雕塑公園的作品。

台灣 ODM 廠商的工業設計部門，所建構的未來趨勢牆，從科技到使用者經驗持續不斷地研究與觀察是每年要設計多款產品供品牌廠商挑選的重要基礎。下圖是 Continumn 公司歷史重要的里程碑，三十多年有許多經典的作品。

Peter Zec 於台北松菸紅點博物館開幕致詞，是繼魯爾區、新加坡之後第三個紅點博物館。過去幾年，台灣在紅點設計大賽獲獎的人多了，也受到全球設計界的矚目。

2007 年「自由空間教育基金會」創辦人唐峰正（左二）為無障礙空間的努力，促成這場活動的主題，工業設計、建築設計是為了誰？很高興林崇偉用更積極的方式在推動相同的理念。

TED 的平台是很多新產品和新觀念發表的機會，TEDXTaipei 亦然，2012 年威盛副總 Richard Brown 就以「社會製造」來介紹 3D 列印，加上開源硬體及群眾募資。TEDXTaipei 在尋找議題和創意達人方面也是不遺餘力，已成為台北文創領域一個重要的平台，即使台北場次也能邀到在地或區域性的人物。

紡織品除了在服飾上的應用,在傢飾及農業方面的利用,也是努力的重點,這家餐廳在很多地方用織品的顏色和圖案來裝飾自己的空間,有得到一定的效果,不論是視覺上或材料的質地上。

在桃園的社區，將客家菜現代化、年輕化，吸引不同族群，讓桃園市的巷弄間也多了一些色彩，
多了一些設計。
右下：Bela Veta 一家馬卡龍店日籍甜點師傅以色卡方式呈現其風格特色，好像在買化妝品。

設計無國界，台灣已有少數年輕設計師，散布在全球各主要設計服務業，進行前鋒新穎的專案。
現今指考可以讀醫科的人寧願唸設計，讓設計學院的老師感到責任重大。中國的設計師更是積極
闖入世界舞台，以異國情調，但又能掌握行業的規矩和語言設計。

4

勾勒美學的舞台

Choreographing the dance of the runway

美麗產業的推動

　　台灣產業在「兩兆」之外，「雙星」還一直扶植不起來，各方都在積極尋找第三兆。勉強把石化及鋼鐵金屬放進來，因其對環境的負荷較重，也是資本密集，且吸收就業人口並不多，很難振奮人心。因此經建會想到「美麗產業」，似乎比較有趣，比較輕盈，多一點創意想像與發展的空間，台灣需要從「高科技」轉型到「高感性」（High-touch）的事物與創造。

　　其實在 2004 年，《經濟學人》（*Economist*）即有一專題在討論「美麗產業」相關的主題；南方朔也以該文為基礎在「中時副刊」寫過一篇。2006 年詹偉雄的《美學的經濟》成為科管所年度好書首選。同年「學學文創」設立也是致力於美學的教育與傳播，可見這個議題早已引起國內外各界的關注。

加入美學思維的商管與經濟

　　其實「美」是一個恆久為人類有興趣的事物，在心理學或社會學領域早有很多的研究。例如：其他條件相同，長得比較美的人其薪酬較高，比較美麗的老師較受學生歡迎。愛美是人的天性，很多人為了擁有更美的容貌、身材、牙齒、服飾、化妝，願意花很多錢，因此有

機會變成經濟、變成產業。

　　體驗經濟超越服務經濟，所強調的是「愉快的回憶」，因此會特別講究服務的設計與消費的體驗過程，然而回憶終究會隨著時間逐漸被淡忘。在「體驗經濟」之後，人類的需求會提升到「轉型」（transformation）經濟；「轉型經濟」追求的是消費過後，身心靈較根本地被改變，並維持改變後的狀態較長久的一段時間（retention）。因此瘦身、美白、防老、養生的課程都是這類會改變你的內外表的行業；其實唸 EMBA、參加「心靈成長團體」或宗教靈修課程，也都是追求心靈「美」的活動，其學費通常並不便宜，也是好生意。

　　「美麗產業」正是可以統括這個概念的代表，近年來已比較具體顯著的有婚紗、禮服、攝影、彩妝、髮型、造型顧問、健身俱樂部、時尚服裝秀展、時尚雜誌與雜誌上的廣告等。這些行業都有一定的產值，有些從全球的觀點來說台灣也做得很有特色，有競爭優勢。鄰近國家如韓國的整形美容產業、或泰國的 SPA 美容、健診觀光都是類似的產業，且他們也都做得相當成功。

　　除了個人層次的消費，也有人提到好山好水、美麗山川，都是孕育「美感」很重要的資產。一個環境不優美的地方很難期待美麗產業的興起，美麗的天然資源之外，人為的資本也很重要，從機場開始到

城市天空線、大街小巷的招牌、行道樹、公共空間及公共藝術都需要
妥善地規劃與經營，才能在發展觀光產業的同時，能確保城鄉美麗的
視界及生態的永續發展。

跨越傳統產業的分類與集計

　　商業司曾邀請各界代表來探討「美麗產業」的推動策略，綜合大
家的意見，美麗產業有出口與本地消費兩類，出口包括產品及勞務的
直接外銷，觀光客在台灣的消費也是賺外匯的；在服務方面，不管是
簡單的婚紗攝影到複雜的健診或美容，本地的消費者與觀光客的需求
可能會有差異，除了服務內容及流程設計，還要克服語言上的困難，
除非只想做大陸客的生意。

　　在研究探討此類新興產業時，許多基線（baseline）的資料收集
上有困難。主計處侷於傳統的統計方法或對象，當有類似「美麗產
業」需整合跨領域、跨行業的創意概念產生時，不容易去統整相關的
數據。此時若能採用「管理會計」與「稅務會計」兩套不同的意涵，
不再拘泥於傳統「產業」的統計與思維，才比較能因應及推動規劃新
概念所創造的新價值。

（溫肇東，原載於《經理人月刊》，2008.01）

感官產業的商機

你是否曾經為了視（眼）、聽（耳）、聞（鼻）、味（舌）、觸覺（身）等五感的享受，而多花錢消費一些產品或服務的體驗？從「極限震撼」到「芳香 SPA 課程」，從只有 28 張椅子的 NONZERO 廚房到不給糖不給奶的瑪汀妮芝咖啡館，有哪些「體驗經濟」不是經過某一感官或多種感官綜合的享受而獲得？

在基本的生理需求吃飽、喝足之外，有些人在感官上的需求十分敏感，譬如：對食物新鮮度，空氣中的雜質異物，咖啡的酸度，紅酒的溫度及氣味，各種精油、香氣、香水氣味的區辨，音樂律動的精確等，在在都馬虎不得。對周遭事物比較敏感，是會「豐富」還是會「妨害」我們的生活？太過敏感會對周遭產生不滿，生活不會太愉快，但若要提高生活的品質，確實需對五感多講究一些，而不是降低標準。

五感產業已在我們生活中

觸覺的產業其實已經很多，且不只是「手感」經濟而已，美容SPA、按摩、舒壓的課程，從臉部、肩頸、身體到腳底，身心都可以有所對話、對應、反射，所用的精油、毛巾、用具、材質、師傅手指、手肱的力道、溫度、溼度、油度，都和肌膚與經絡的感覺有關。

當然，實施課程的空間安排、家具燈光、背景音樂、室內的芬芳等，也是綜合的感官經驗與享受。

視覺的挑剔，從攝影專業講究的光圈、速度、各種望遠、廣角鏡頭的搭配，才能抓住拍攝對象、人物、昆蟲、植物的花枝葉以及他們的移動或運動，對顏色、光線、照度、彩度、對比等視覺的極度要求，才能表現好的視覺藝術作品。鏡子與玻璃的運用，以芬蘭赫爾辛基 EPSON 的 Nokia House 為例，10 樓以上高度挑空的中庭，讓北歐稀有的陽光灑進來，再透過幾片懸吊的帆布，如帆船的風帆製造出遮擋陽光的角度，減緩直接日曬的刺眼，從室內便可感受如親身經歷的風和日麗或風雨交加，達到「岳陽樓記」氣象萬千的效果。

聽覺，不只是高低音、環繞音效等音響的器材。除了想聽到的聲音，不想聽到的聲音如何避免與隔離也是大學問，旅館牆壁及門窗的隔音、冷氣空調，甚至冰箱馬達的聲音、汽車的關門聲都是可以講究的聽覺經驗。現代流行音樂大家喜歡聽現場的，因為現場除了音樂以外，還有很多錄音室原本要過濾掉的聲音，甚至是聲音以外的東西，這些雜質讓現場音比錄音更原汁原味。你以為音樂只是關乎聲音及音響嗎？其實還有社交，以及分享同樂的其他元素。

重視嗅覺的人對空氣中的香煙味非常敏感，餐廳已全面禁煙，旅

館也分吸煙與非吸煙樓層,零售業亦有人在研究不同的賣場如搭配不同的味道是否會讓顧客更樂意上門?在美國買房子時,屋子的主人煮一壺咖啡、烤一團麵包,充滿家的味道,有助房子的銷售。嗅覺產業不只是香水、不同味道的精油、泡澡時的沐浴包,賣藏香的店也有不同味道。

舌頭的味蕾可以敏感到什麼程度?臭豆腐可以有十五等級的臭嗎?麻與辣是味覺還是觸覺?品得出茶、酒的細緻差別是味(嗅)覺還是觸覺?因此,有廚師學校不收抽菸的人,因無法區分食材或飲料的差異是無法做出好菜的。好菜除了用煎炒煮、焗燜烤,刀切、火候,連食材的溫度管理都有關連。調味料、油醋鹽糖各種香料佐料,可以讓甜酸苦鹹這些關乎味蕾的觸動與感動更提味,因此,五分熟的牛排入口前要沾一下玫瑰海鹽。

官過三代才懂得吃穿?

生活品質的提高讓台灣逐漸脫離俗擱大碗、吃到飽的飲食習慣,除了食材的生鮮度,更多追求精緻卻簡單的美食出現了,不僅吃,還要「說」料理,電視上很多美食節目,國外有很多品質有一定水準的

節目，也能增加一般人的飲食常識或對味蕾的教養。

　　感官產業早已經在跨行業演出，以感官的敏銳為訴求的商機隱然成形，減弱感官享受和增強感官享受同受重視，有人付錢體驗盲人的黑暗，有人付錢享受完全的安靜。然而，要握住這款商機的挑戰不小，畢竟品得出葡萄酒裡的木質陳香和成熟乾果香等漸層氣味，百人還不一定有一，但這些挑剔的行家和玩咖卻是願意為多重感官的享受付出掌聲和消費。

　　沒有規則的遊戲難長久，感官產業商機值得擴大與應用，但可能還需要一點「基礎建設」，譬如為五感量身訂做一套感受標準，甚至有可檢驗的標準差值。此外，感官享受是藏在細節裡的，沒有培養或教育消費者，也難出現規模效益。

（溫肇東，原載於《創新發現誌》，2010.07）

身美教養與興國

　　2009 年 7 月底到日本休假，在橫濱碰上他們慶祝開港 150 年。一個半世紀前美國黑船強行來開門，要日本走出鎖國。之後日本推動了「明治維新」，厲精圖治，連續戰勝俄國及中國；在接連三代實施九年國教後，發動了太平洋戰爭，戰後又「生聚教訓」在 1980 年代達到「日本第一」。不過接下來將近二十年就一直無法再造風潮，十分低迷，因此在橫濱諸多慶祝的標語當中，有一個我印象最為深刻的是「二次開國」，緬懷祖先，希望能再造中興，擺脫失落的泥沼。日本在過去十多年可以說是悶壞了，終身雇用、年終序列的體系被打破，新秩序尚未建立，此番金融海嘯，讓汽車業典範 Toyota 也吃盡苦頭，有一大堆剩餘產能。

　　在東京有機會拜會一位廣告界前輩波岡先生，他目前已屆 70 高齡，有感於今天的日本年輕人的「身美」教育及漢學文化修養不足，很難啟弊振衰，再造日本。過去三年，結合了各方專家戮力於幼兒教育的改造，成立了一個非營利基金會。他先放了一段錄影帶給我們看，那是小學一年級第一天上課的實況，在台前的老師很難管得動完全沒有紀律，注意力不集中的小朋友。

雅音與正音的重要性

　　波岡認為 3 歲到 6 歲前的幼稚園教育很重要，可以學習很多事情，對其一生都會有正面的影響，如生活上基本的修養，坐有坐相，站有站姿。另外對漢字的理解，對日本傳統故事、寓言、詩詞、俳句的欣賞、朗讀與記憶，可以豐富每個人的人文素養。過去三年，他們已編好 3~5 歲的教材，每個月一本，目前已推廣到日本 22,000 家幼稚園中的 30 家。每天 20 分鐘的模組在例行上課前實施，授課老師二個小時就可學會，不影響學校原先的運作，其效果將非常迅速深遠。

　　我們也看到了其示範的模組，每天 20 分鐘的前 2 分鐘是靜坐冥想，讓小朋友安下心，閉目聆聽由東京交響樂團演奏的古典音樂（雅音教育）。接著播放教材中的童話故事，由資深播音員朗讀故事，同學看著銀幕上由插畫家手繪的故事，耳朵聽著抑揚頓挫韻律和諧的敘事（正音教育），畫面上會對課本中重要的「漢字」特別標識出來。日本小孩在幼稚園階段是不學寫字的，但配合接下來的認識漢字單元，在小學入學前則可熟悉認得上千個漢字。每天故事往前推展，漢字單元也透過「漢字卡」進行卡片遊戲，增加學習樂趣。接下來是古詩及日本的俳句的吟唱，讓學童聽熟了這些優雅的文學及韻律。總

之，其教學方法是多元有趣的，可吸引小朋友的注意力，相信會得到
較好的學習效果。

氣質修養與身美教育

我不是幼教的專家，不知台灣在「幼教的創新」上有何進展，我
回來後和在戰前受日本教育的岳母報告，她說「氣質修養」就是「身
美教育」，讓我想起在「利物浦表演藝術學院」時，他們對表演藝術
之作者的養成也特別強調氣質（temperament）和反思能力（reflec-
tion）的陶養。

台灣從小的教育，到技職教育或藝術教育，過去不太強調身美，
只重腦美的傳授。但氣質又和前教育部長所提的三品教育（品質、品
德、品性）不完全一樣。在幼兒期的身美教育對一個人後來的行為舉
止的影響，我還可以在我岳母及同時代的日本人身上看到日本國民教
育所刻下的印痕。

（溫肇東，原載於《經理人月刊》，2009.09）

以包容創造台灣美學

　　2005 年 12 月 26 日，林昭亮在國家音樂廳演奏「客家小提琴協奏曲」，這是國際知名作曲家陳建台費時兩年十個月的創作，是一場難得的盛會。創作者以西方專業訓練為基底，結合了客家、潮州及廣東的元素，從漢劇、儒調、山歌、八音透過其複雜的科學方法加以轉換進行創新，尤其是用煮麵的長筷取代弓桿擊弦的創新，一來代替百年來西方弦樂以琴弓敲奏 collegno 的傳統；二來解決長久以來跳弓傷琴，擊弓傷及弓桿的問題，同時也讓案音變得生氣蓬勃更有彈性。

客家文化在台灣美學中的角色

　　客家音樂與生活緊密結合，是客家族群一項重要的文化指標，它展現客家人風格與精神，也是台灣傳統文化中重要元素之一。事後和建台聊天時，讓我最感動的地方該是創作的精神。

　　身為客家人，他認為客家的意思是「以客為家、移家作客」，客家人遷徙來自各地方，自然形成一種「綜合文化」。更廣義地說，全世界的人其實都是過客，只是人們的佔有與執著讓我們迷失而陷入自我設限的格局。作曲家在作品中採用在地音樂元素進行轉換與創新，進而突破地區性特色，將草根文化提升至藝術層次。台灣文化或許可

循此思維，發展融合出讓國內外的人有好感，進而認同感動的文化。

　　台灣其實是一個「文化綜合體」，多元的境遇似乎在其他國家少有。這種多元化衝擊震盪的結果孕育出豐富無窮的寶藏，是上天賜給台灣文化最可貴的地方。每個文化有規定與傳統，重視強調的觀念也有所不同，尤其是該文化所依循的標準在當時時空環境下，都有一定的意義與價值。

　　因此若能仔細了解台灣不同文化背景與經驗的精神與意涵時，就能將這些看似複雜衝突的各種不同現象概念化（conceptualized），再將這些不同文化產生的幾個重要概念進一步淬鍊融合，就不難找出「眾裡尋他千百度」的「台灣文化」。當我們抓到了台灣文化的精神時，台灣的獨特性與價值於焉而生，國家所推動創意文化產業所包涵的八大產業也較能有所依據與方向性。

　　進一步再用「客家小提琴協奏曲」為例，該協奏曲的成功是因為不狹隘地限制自己，而是透過以客為家，移家作客，世界一家的開闊想法，並著重客家人堅韌性格的特色進行創作，因此達到客家子弟幾番遷徙，成就了無窮動力。同樣，一個好的設計也是它能抓住最根本的精神，然後利用很簡單的方式，例如顏色、圖騰、材質等表達內涵與意境。

移家作客，世界一家的新常態

因著科技的突破與創新，因著島國人民不安的心態，因著全球化的衝突，台灣這些年飽受衝擊，台灣人民有如洗三溫暖，島上看起來強強滾，充滿生命力，可是仔細一想，全國似乎都像過動兒，缺少沉澱與省思的時刻。國外的取經或許應該進入常模，讓沉澱與省思發揮力量，醞釀創新的來源。

英國爭取到 2012 年奧運主辦，它當時和其他國家競爭時的最重要訴求就是它的多元性。單以倫敦為例，有 50 個種族社區、70 種料理及 300 種語言，他們更以此為傲充分發揮多元價值，因此英國在百花齊放下成為世界最具吸引力的國家之一。

台灣擁有上天所賜予多元有趣的族群組合，又不至於像大陸幾十種不同族群的複雜。因此我們要發展出自己特有的台灣文化的話，端看台灣島內這些族群能否有一定程度的涵義與胸襟，包容欣賞在同一環境下不同文化的差異。若能如此兼容並蓄，相信要走出台灣文化的特色，創造台灣美學應是指日可待。

（蔡淑梨，原載於《工商時報》，2006.01）

實踐美學的創新理念

　　《追求卓越》（*In Search of Excellence*）作者湯姆・畢德士（Tom Peters）日前來台演講，闡揚他目前正在推動的創意與創新，鼓勵業界激發開創性的變革。然而，氣派的現場配上雄偉的音樂，以及「想像比知識更重要的講題」，我禁不住地發揮想像力：如果演講或研討會的開場，是由一群體操選手以美學創意的動作進場表演 5 分鐘，必然能讓聽眾精神大振，隨即切入演講的主題，保證聽眾有逃脫傳統的鮮明感受，聆聽演講的收穫將更大，而且頗符合體驗經濟中，所謂「未來企業要創造價值，在於讓消費者在消費的過程中，快樂而享受！」

　　湯姆・畢德士的觀點，立足在「不創新，就死亡」，因為我們身處於如此競爭的時代。他拿出許多國家的數據加以比較：1 個新加坡的工人等於 3 個馬來西亞人、8 個泰國人、13 個中國人及 18 個印度工人；中國大陸每年產出 65 萬名工程師，印度每年產出 35 萬名工程師，而美國現在只有 7 萬名工程師。以前，美國經常把工作外包，但這些數據顯示，現在的美國人即使想拿外包的生意都很不可能。以美國為前車之鑑，似乎就是「不創新，就死亡」的案例。

工程師的角色與價值

　　一直以來，企業透過運作的卓越性，包括降低成本、提高品質、改善流程等，試圖讓企業發展得更好。現在這樣做已經不夠，還需要徹頭徹尾改變心態，做不一樣的事，才有辦法如藍海策略中的價值創新。如果企業端只試圖和大賣場沃爾瑪（Wal-Mart）比價錢，或是和大陸比成本，只會陷自己於萬劫不復及毀滅一途。

　　面對未來，企業需用合理的價錢，為產品、服務或原料等創造不同的價值，包括提供愉悅難忘的經驗，或新遊戲規則的解決方法，為消費者創造出夢想的產品。國家或企業發展的重點不在大、不在規模，不在最強或最聰明，而是，能不能最快順應任何的改變。

　　當惠而浦公司將傳統洗衣機轉變成照顧布料的知識系統，甚至進一步將它變成具有個性化家庭一份子的美學產品，市面售價能夠從400 美元提升到 1,300 美元。而像哈雷機車可以創造 50% 的利潤，三星集團目前有 470 位設計人員，都是實踐美學創新之理念與作法的成功例子。

擁抱失敗,從中學習創新

　　個人身為教育界的一員,深深確認近幾年所傳授、所倡導的創意與創新的方向是正確的,2005 年舉行的「流行創意創新國際學術研討會」,可以說是一次重要的成果檢視。推動創意與創新在教育上,強調美學與文化為根本的驅動力,兩者不斷薰習與交互震盪,後而建構一種心智狀態(mindest),而文化與美學的薰陶必須從小就不斷的培養與耕耘,成為體內流的血液與不斷汰換的細胞。而這也正是一個國家未來是否有國際競爭力的成敗關鍵因素,更是國家政策,尤其是教育政策當務之急。一個國家或企業,如果只是一昧的提高知名度或國際排名,或建構一些行銷策略與戰術,企圖用來增加消費者購買力,競爭力必然無法長久。

　　當我們一直在提倡「品牌‧台灣」時,並宣示必須提升增加附加價值時,政府是否有做到根本該做的事,還是只是不斷地消化預算?有太多基礎、根本等吃力不討好的變革需要政府有魄力的決心與作為。例如我們的教育問題,尤其是小學教育,除了要導入啟發式的教育,建構對文化認識與涵養的氛圍環境,才能激發全國能量與心智狀態,未來才有可能認同「台灣是光榮、創意、充滿希望熱情且驕傲的

品牌」。

　　我們或許不用做到湯姆‧畢德士所說的眾多創新指標，可是我們不應該還只是懲罰失敗者、獎勵不犯錯的中庸者，卻不懂得獎勵失敗者、懲罰不能表意的中庸者！

（蔡淑梨，原載於《工商時報》，2005.11）

美學企業的獲利模式

廣達 2003 年營收較前一年成長 1,500 億元，毛利率卻從 32% 降至 5.9%；而一直被認為非高科技的精品業者 LVMH 集團，在 2003 年營收 119 億歐元，等於三個台積電的規模，而且單一 LV 的 2003 年毛利率則達 45%，Hermes 25.4%、Coach 29.9%，連沒有成長的 Prada 毛利率都有 13%，而負成長的 GUCCI 也有 27% 毛利率。

兩相對照，差別在哪裡？LVMH 旗下有五十幾個品牌，全球有十三個工廠，十個在法國，二個在西班牙，一個在美國，打破時下流行在開發中國家生產或代工的模式。由於結合機械與手工藝，因此能達到高效率製造與設計能力，從設計到上架所需時間由一年縮短到半年。

生產空間與消費空間的辯證

LV 成功很大原因，在於充分掌握品牌在風格社會中消費力的酵素，由於生活風格是社會或消費趨勢，背後是消費者的品味與美學主張。

在風格社會中，消費者追求品牌時，講究品質與質感。品質講的是耐用及功能性，好的品質可提高生產者產品的辨識度及知名度；質

感則是體驗與品味，是一種優質的感覺，可提高消費者生活的認同感及美感。因此在品質保證（QA）、全面品質管理（TQM）、6 Sigma品質及零誤差要求下，質感高低決定勝負，也就是形塑獨特品味的體驗經驗。這也是為什麼這些國際知名品牌，卯足勁不斷開設旗艦店或全球店的原因。

Fendi 今年在全球開了四家 200 坪、表現公司形象巨型店，共同特色是以羅馬風格或概念為統一的公司形象。因此地板用古羅馬時代所用的火岩石，牆面大理石則用洞石，顯示歲月侵蝕的痕跡，天花板懸吊下來的則是充分表現歲月與內涵、特殊切割及紋路的波浪石。這四家巨型店是由世界頂級建築師彼得・聖馬利諾（Peter Marino）設計，聖馬利諾也曾為 LV、Christian Dior 及 Chanel 做零售建築。然而羅馬精神或風格，跟以女性及皮草為主的 Fendi 有什麼關聯呢？

原來品牌需要透過空間的設計，規劃與展現、傳達品牌的精神，使品牌具有宗教性、美術館性及表演性的內涵。Fendi 定位自己為頂級奢華品牌，而頂級奢華透過古羅馬風格在 200 坪大空間的呈現，並由世界級大師設計規劃，這種種的展現就是要讓消費者以朝聖、膜拜的心情感受品牌精神，進而達到宗教信仰般的忠誠與狂熱；透過美術館似的高級陳列，使得消費者自豪的符號價值更加確認；最後，透過

音樂、燈光、設計、材質選擇及裝飾，提供消費者愉悅的舞台體驗。

旗艦店舞台體驗的功能

2001 年 Prada 在曼哈頓打造前衛科技的 Epicenter 概念旗艦店；
2003 年又在東京青山耗資 8,300 萬美元打造全球最大的 Epicenter；
LV 全球店融合周遭環境的作法，在法國香榭大道開設古堡風格的店；
另外在時尚前衛六本木之丘的 LV 都是樓梯，連人形都放在樓梯上；
香港銅鑼灣 LV 店則有三層樓高的電子銀幕。這一切的作為無非是再
次加強品牌空間塑造所提供的美學體驗，以及要傳達的意象和訊息。

當社會進化到如艾倫‧布里曼（Alan Bryman）所說的「迪士尼化」
時，表演及說故事似乎扮演關鍵性的角色。現代人需要的不只是商
品，而是一種生活態度。這些世界品牌透過心理尊崇的行銷手法，滿
足消費者炫耀尊貴的心理，然而消費者能否持續的認同則考驗企業高
能量美學品味元素的深度與廣度，以及體驗、美感、生活風格結合的
功力，不斷創造讓消費者驚訝讚嘆及滿意的全方位體驗。

（蔡淑梨，原載於《工商時報》，2005.11）

追記：十年後的今天，代工和精品品牌的毛利結構差距更大，廣達 2014 年營收 926.328 百萬台幣，毛利率 4.51%，LVMH 集團 2014 年營收 30,638 百萬歐元，規模仍是台積電的二倍，單一 LV 2014 年的毛利率達 64%、Hermes 68.8%、Coach 70.2%、Prada 73.8%、Gucci 60%、Burberry 71.1%，台灣做產品的硬實力很強，但做品牌、說故事的軟實力進展有限，紡織成衣業有多家公司也都企圖做過，但心態上、投資上任督二脈都還沒通。

時尚與科技共舞

　　台灣紡織成衣業在一般人的印象中是夕陽產業也是傳統產業，夕陽產業是因為不同高科技產業相繼興起與成功搶走了得到所有鎂光燈的焦點，因此紡織業被打入冷宮淪為夕陽產業；加上幾千年來人類穿衣服已不是什麼新鮮事，所以被稱為傳統產業。然而事實果真如此嗎？紡織成衣業近年來 EPS 的表現及持續湧入的創新能量，反映了該產業也是高科技產業的事實。穿衣服這件事雖有幾千年的歷史，然而真正到近一、二十年來才有了較大的轉變。這轉變除了拜科技快速突破導致原料、素材、織造技術的創新外；消費者獨立自主及自我意識的高漲也讓紡織成衣業的經營以消費者需求為導向，思索「消費者怎麼生活」、「消費者要什麼」、「什麼才能滿足消費者未來需求」等，不斷開發新產品來滿足消費者善變的需求。

　　目前國際紡織品與成衣發展的趨勢，由強調時尚性逐步轉向功能時尚美感，提供使用者舒適與健康等方面的需求。為此，欲達到迎合消費市場對潮流品味及功能的要求，在產品開發時必須跨領域結合不同產業，包括化工業、電子業、生技業等共同開發，當然這背後是涵蓋不同領域的科學、藝術、文化等學門的產出。同時也需打破產業內原有的遊戲規則，從單打獨鬥到將產、銷、人、發、財整合到全球供應鏈管理中，並極大化企業本身價值鏈中的每一環節。舉例來說，以

全球合成纖維創新研發執牛耳的 INVISTA 英威達（原杜邦紡織）的全壘打產品 LYCRA 萊卡彈性纖維創新為例，LYCRA 的發明解決長久以來布料彈性的問題，因而讓廠商能透過該特性進行設計與創新應用。

智慧紡織品 健康兼美容

然而杜邦並不自滿於坐擁這頭金牛；相反地，更努力的研究及創新，解決很多產品長久以來無法改善的問題。例如杜邦研發的 Black LYCRA® 纖維解決紡織品多次洗滌後失去原有亮麗色彩及彈性缺點；Super White LYCRA® 纖維的色牢度極佳，能長久維持紡織品鮮豔的白色；XFit LYCRA® 纖維則可製成各種體態皆能感到舒適與合身的牛仔褲，符合各類型生活品味人士的需求；另外，LYCRA® Body Care 系列發揮健康與美容的雙重功能，使用微膠囊技術進行紡織品處理，提供穿著者清新、滋潤、營養、按摩、與舒緩的感覺，其創新技術甚至延伸到穿著者的感官享受，達到放鬆、振作、重塑自我的效果。

消費者是會說話的，透過買賣市場可看出近來消費趨勢傾向戶外休閒的舒適性，強調功能性的吸濕、排汗、涼爽、快乾、透氣、調節

體溫、抗菌、保健的要求。國際大公司紡織品研發顯示整合前端科技的趨勢，將奈米技術、電資通訊技術、能源概念技術、生物仿生技術、醫療保健技術、生物分解技術等高科技結合應用於開發過程，如羊毛與奈米碳管紗織成具良好導電性與保溫性的衣物，可以量測脈搏、血氧濃度、腕部筋肉張力等感測器結合加熱保溫系統的智慧衣，仿松果調節冷熱空氣進出衣物的智慧型紡織品等。

生理舒適 心靈感動

　　由上述例子可看出時尚設計不再能夠單純地滿足消費者，消費者對理想生活的追求更是重要的考量因素。故紡織成衣業需以人類需求出發，研發歷程結合跨領域知識與科技，轉化為實用性與消費者美學經濟體驗。因此該產業的設計人才亦需對生活體驗有深層的認知，結合消費者驅動的力量將創新能量發揮極致。從英威達的例子可看出，傳統萊卡布料結合多重領域的豐富技術含量，穿著者在熟悉中賦予萊卡布料新的意義，回應自然、結合實用、融入美學，衣物不再只是最貼近肌膚的物質產品，更觸及心靈深處最需要放鬆的角落。由此看出，現今紡織成衣業注重層面愈廣泛且深入，從研發端的技術創新到

銷售端的訴求創新，每一個環節都在為最終產品說著同樣的故事，生
理需要舒適、心靈得以感動，於是能夠看見堆疊在紡織傳統上的新概
念帶來身心靈的舒緩。

（蔡淑梨，原篇名〈紡織是高科技產業〉，載於《工商時報》，2005.08）

品牌權益的翻轉

　　全球流行趨勢觀察公司 WGSN 亞洲區執行長馬克・雷賓（Mark Lepine）曾指出，未來十大流行趨勢中最重要的大趨勢就是「快速流行」與「平價奢華」。這兩個風潮正如火如荼的席捲全世界服裝市場，也造就了 ZARA、H&M 及 UNIQLO 三大明星公司。過去不同的媒體爭相報導這三家公司快速成長及成功的因素，不外乎透過完整的科技及資訊系統，讓全球供應鏈快速生產，並即時反映市場消費者所需，「快速流行」迎合消費者所需，創造流行「物超所值」的時尚。然而在這激烈殺戮戰場的背後，卻浮現了另一個有趣、較少被探討的品牌權益議題。

快速流行 平價奢華崛起

　　根據 Millward Brown「BrandZARA TM Top 100」及 Interbrand「The Best Global Brands」，分別於 2011 年所公布「世界上最具有影響力品牌」全球前百大的品牌當中，隸屬於成衣（Apparel）類別的有 H&M 以及 ZARA，其品牌權益已顯著高於市面上多數奢華精品（Luxury），成為世界上最具有影響力的品牌，目前排名僅次於奢華精品的龍頭 Louis Vuitton（LV）及 Gucci，分別位居 21 及 44，甚至

高於 Hermes、Armani 及 Burberry。

　　搶攻奢華品牌忽視的低階市場，如今卻反而在「品牌權益」這個兵家必爭之地，讓人跌破眼鏡。「品牌權益」代表一個公司在市場上被認定的價值，它可以倍數級超越公司總資產，像可口可樂、微軟、IBM 等。奢華品牌的代表像 LVMH、春天百貨集團（Finaciere Richemont）、Gucci Group 及 BVLGARI，這些公司為了維持在精品產業的地位及其品牌權益，一半費用都花在行銷上。反觀這些沒有流著貴族血統「快速流行、平價奢華」的品牌，既沒有花費大量的行銷費用，也沒有經過百年品牌老店的洗禮，卻快速竄起並強烈威脅這些老牌精品的地位。它們是如何做到的呢？

　　自 1980 年代開始，陸續有許多學者提出各種不同看法來解釋品牌權益，不過相關文獻不外從廠商觀點及消費者觀點兩方面來探討。從消費者觀點來看時，傳統的時尚體系有如一座金字塔，從金字塔頂端的高級訂製服、到設計師品牌的高級時裝、新秀設計師、時裝商品、中價位、到最底層的大眾平價商品，有著非常清楚的分層結構，而其時尚擴散也是由上到下。然而，今日的流行與時尚則是多元的，除了原先的架構外，還有街頭流行服飾、運動服飾及半訂製服等區隔市場，消費者會遊走於不同區隔間，例如買個 LV 包包、夾在 ZARA 夾

克之下；或穿上 H&M T-Shirt、GAP 牛仔褲，再套一件 Chanel 外套。

　　光是時髦還不夠，人們還希望自己看起來很聰明。消費者接受花錢買 Dior 在雜誌上主打的最新款包包；但她也不會羞於走進 ZARA 買一件 10 歐元的 T-Shirt，因為它非常漂亮且物超所值。這些行頭加總穿戴起來，讓她充滿信心，並且對他人散發出一個訊息：她可是個聰明的消費者，也是自己的造型設計師，而不是任由行銷擺布的傻瓜或奴隸式的品牌崇拜者，她打點自己的形象，讓穿著打扮進入民主化的方向。

不由行銷擺布 穿著民主化

　　造成這種風潮演進的主要原因之一是經濟的衰退，迫使奢華品牌的消費者必須勒緊荷包，到處尋找替代方案，而且要讓別人看不出來。其次是資訊透明化，消費者的知識品味與水準的提高，相對要求也提高。而此時 ZARA 與 H&M 等快速流行品牌恰巧適時投其所好，並且對這些時尚游離份子，不厭其煩地標榜其快速流行的品牌精神：有創意的設計、最棒的品質與價格比，以及有效率的物流。歐洲趨勢諮詢先鋒之一 Nelly Rodi 公司指出，ZARA 及 H&M 一類的服飾連鎖

店，挾其快速周轉的優勢，比多數的設計師品牌的動作還來得更快；也就是因為這樣，它們的衣服會比昂貴許多的對手品牌還要更時髦。為了證明自己不是時尚聖壇的祭品，這些自視甚高的消費者更加堅信「便宜卻特別」更勝於「昂貴而普通」，對於快速流行品牌因此更趨之若鶩。

另一方面從廠商的角度來看時，時尚流行產業彷彿也有 M 型化的威脅，金字塔最上層階級品牌以其精湛的手工、材質、歷史文化素材、神話等元素賺取超額的利潤；然而中階服飾連鎖店則陷入卡在中間的困境，既沒有感動人的神話故事，也沒有低階服飾具競爭性的價格，兩面不討好。因此催生了「快速時尚」，一來可降低成本，二來也降低需求的不確定性，三來更可降低企業需要不斷成長的壓力。

為了符合「大眾專享」的新世代，H&M 的行銷總監喬更·安德森（Jorgen Andersson）說：「我們在過去五十年來，做得最好的就是將焦點放在顧客身上。我們有精實的組織，對市場動態持續關注，因此，當品味改變時，我們就會跟著改變。我們不是指使時尚的人，我們的款式來自於顧客的要求。」安德森認為顧客現在要求的是「迷人魅力」，因為時尚永遠都在反應社會現況，其中讓更多的人可以負擔過去唯有富人才能享受的生活形態，是「快速時尚」成功的重要關

鍵因素。為此 H&M 邀請身居領導地位的 Chanel 的設計師卡爾·拉格斐（Karl Lagerfeld）與 Lanvin 的設計師阿爾伯·艾爾巴茨（Alber Elbaz），不僅得以增加媒體曝光度，其往上集客的企圖心亦顯而易見。此種結合國際級精品業設計師的作法，已儼然成了零售服飾商行銷策略的重要元素之一。

洞察社會趨勢 自我造型設計

　　同樣身為快速流行領導品牌的 ZARA 與 H&M，儘管其品牌策略定位略有不同，但不乏相似處。它們最主要的宗旨都是在迎合消費者需求，比起自視甚高的奢華品牌，這些快速流行品牌不但緊緊抓住了消費者「無止盡追求流行」的時尚本質，並且不約而同地秉持消費者至上的中心思想，亦步亦趨地迎合、並且感動消費者；其次，它們紛紛以絕佳的品質與價格比，成功博得廣大聰明消費者的歡心；最後，它們皆以少量多樣並強調限量的產品組合策略，配合高效率的物流配送系統，不僅打破傳統鎖定金字塔頂端的 80/20 法則，證明小兵亦可立大功，並將長尾理論的效應發揚光大，締造快速流行與大眾市場的新經濟學神話。

　　快速流行如今雖已然蔚為風潮，然而風潮來得快也去得快，如何
才能躋身全球時尚品牌且不斷提升其「品牌權益」？了解時尚產業動
態與時尚消費者的購買行為模式是關鍵，因為消費者愈來愈聰明，要
求愈來愈多，也很難死忠於一個品牌。消費者，尤其是年輕人喜歡做
自己的設計師，偏好獨特多樣且標榜生活風格類穿著的品牌。同時，
布料及設計也不斷地創新，即使是市場較低階層的這一端也不例外。
消費者喜歡成為創意、創新流程的一部分，對於原創性的追求，同樣
促使著個人訂製服回到市場上，但是會以一種更為平民的樣貌回來。

　　年齡、身分及地位也不再是問題，那些創造最新趨勢的人，不再
是國際級設計師獨享的權力，街頭的人們、消費者本身，尤其是年輕
的消費者不但好奇且有創造力，而且反偶像。與其不斷花大錢預測趨
勢與操弄流行，不如深入了解消費者的需求及消費行為，並塑造消費
者能參與的情境，與消費者共創價值。ZARA 與 H&M 的成功皆因洞
察社會的趨勢與變動，提出因應與解決有效價值主張，並以龍捲風的
速度擴散價值主張，才得以在短時間內，建構出高的品牌權益，成為
全球最具影響力的品牌之一。

（蔡淑梨，原篇名〈平價品牌權益可以勝過 Hermes、Armani〉，載於《遠見雜誌》，2011.12）

國家文明取決於國民美感程度

　　每個偉大的城市都必定有一個和市民生活緊密結合獨特的公園，像英國倫敦的海德公園、美國紐約的中央公園、德國慕尼黑的英國公園等等。這公園要夠大、安全、且自由，讓人們休息、遊樂、運動、活動，甚至是戶外教學的場所，扮演如文章中的頓號，讓生活稍事停頓後，而再賦予生命新的能量。

　　這星期天偷得浮生半日閒到中正紀念堂放空。雖然是人造的綠色自然，但豐富的樹種形塑出不同的林相，並試圖扮演都市之肺。除了驚喜見到當年的樹都長大且枝葉茂盛外，也看到這個空間所包容豐富內涵，大大小小不同年紀、不同時段、不同群眾與精采多元的活動，充分勾勒出美麗的浮世繪。在這裡有個人，有團體，也可以看到一個完整的生命週期，從天真無邪的嬰兒開始一直到智慧的老翁，她的多元與豐富性且與人們生活息息相關，因此塑造一個具親民性的公園，讓市民天天享用。我認為這是培養國民審美修為最容易且最基本的第一步，尤其是台灣在現階段對美學迫切的需要。

美學與日常生活結合 改變人民氣質

　　真正在生活中的落實才是培養美學最基本的源頭，若美學沒與日

常生活緊密結合，而只是生活的點綴，則無法轉化為民族的素養，更無法成為文化的力量。美的力量可以改變一個人的氣質，是想像力的泉源，久而久之也形成一種文化力量，因此一個國家文明的程度取決於國民擁有美感程度的多寡與高低。

在歐洲旅遊時，我們很難不讚嘆他們的建築、教堂、雕刻及博物館等，我們也不容易否定他們在藝術與美的成就。然而在 12 世紀的時候，歐洲仍是貧苦的，可是他們卻能建造出精美的教堂，此乃因宗教信仰力量中所體會出的生命價值與感動，而將美的精神發揮得淋漓盡致。雖然環境貧困，然而這種尚美的心趨動下，使得整體仍是富裕的。這和我們台灣當今社會上不斷追逐財富，再將這些財富打造自己的行頭，裝飾表面的素質，可是內心卻是徬徨與不安的狀況是大不相同。

台灣從早期胼手胝足開疆闢土闖出一片天地，賺的是辛苦錢，因此沒有機會培養認識美的修養及創造美的能力；而我們也不像西方學校美感與文化不可分割的精神式教育，雖然我們宗教力量很大，信徒很多，可是卻沒有結合美感與神的力量，也沒有經由宗教信仰產生的美感中找回自己。

台灣經歷生活艱苦時期、經濟富裕的小康期及現今的富庶期。在

這三個時期人們對藝術在生活中的經驗也不相同，貧苦期以文學戲劇為主；小康期以繪畫為主，而富庶期的社會由於人與人的關係較淡漠，因此生活經驗以尋求娛樂性及擁有財產為滿足，故主要的藝術形式為生活藝術，一切貼近現實生活並講求完美，這也解釋當今應用藝術受到重視的原因。

感受與欣賞事物的能力

物質豐富的現今社會，要能成為值錢的東西必定存在其內在美的價值。美是一種力量，一種能夠與自然相融的力量，不一定是只有此天賦的人才有的特權。美可以透過教育來養成，不過美育不是台灣一般所謂的塗鴉、跳舞、唱歌；美應是本身具足，來自生命，也因為生命的需要而更精鍊。對美的體會是一種本能，應該是一種思想習慣，一種能夠感受及欣賞事物的能力，而不只是一種外在認知的美觀。培養尚美的修為，才能產出靜觀的能力，而靜觀的能力使人產生思想，因此當大多數人民都具有思想時，文明自然孕育而生。

美學教育不是純藝術教育，當我們把美學教育與純藝術劃上等號時，則會阻斷大多數人的嘗試，美是一種抽象的品質而非實用的價

值，美的經驗是直接的、感性的，只要全心追求「好看」與「愉快」就可以逐漸進入美的世界。

（蔡淑梨，原載於《工商時報》，2006.05）

大陸群聚產業的體驗經濟

2006 年到大陸開會參訪行程相當緊湊，只有在最後一天回台灣前讓大夥兒到兩個所有旅行團必訪之地。相信只要去過杭州的旅行團員們，必定有被帶去買過蠶絲被及龍井茶的經驗。這兩個地方有一個共同點就是「創造情境、說故事」，並透過有效率、有組織的企業，達到市場最終的目的──將產品大量賣出。

當我們到絲綢工廠時，在門口帶領的人會依據不同來源的團體安排腳本。首先映入眼簾的是抽取蠶絲的設備並當場有人示範，然後有一些看板說明蠶絲的特性、功能、用量等，例如 4 斤的蠶絲被需要560 顆繭；接下來我們就被帶進另一間製作蠶絲被的地方，幾個作業員會把一張小小的膜拉大到一張絲被的大小，在拉的過程中還要大家一起拉，親身體驗蠶絲堅韌不斷的厲害，然後就像工廠的生產線般，將我們轉到另一個檯子，在那兒更進一步說明如何辨別蠶絲的優劣，例如好的蠶絲是拉不斷的且呈現亮白色的光澤，而用火燒時不會燃燒，且味道聞起來像頭髮的燒焦味。在整個解說的過程中，無形中你被洗腦並充分認同好的蠶絲被透氣健康，冬暖夏涼，不長塵蟎、黴菌等等。因此經過此一番教育再比較台北蠶絲被的價格，大夥兒就紛紛掏出腰包，一買就是好幾床。

創造情境場景 專業深度解說

　　另一個梅家塢的「龍井茶莊」群聚更是體驗經濟及知識經濟的代表作。這幾年這些茶莊在景觀上做了不少的改進，以白色和黑色（或深咖啡色）為基底色的農莊建築，頗有蘇州園村的意境。參觀的人不再像以前被帶進去平面式千篇一律的大通舖空間，取而代之的是依地形高低建築，不會互相干擾的飲茶室。有趣的是每次都會有一個自稱梅家後代的人來說明及表演，從龍井的由來、採收時期、分類、泡法、喝法、優點、好處（治高血壓、膽固醇、痛風、抗老化等等，似乎可以治百病）、好壞分別等予以說明。品茶師也會用不同等級的龍井讓顧客品嚐，而更有趣的是她往往用反方向的促銷法，在整個過程中讓你不會感覺到推銷的嫌疑；相反地，透過品茶師預謀設計的說明，讓你有不買會後悔的遺憾。而當你熱烈搶購完了，跨出那扇門的第一秒鐘時，你雖然不會後悔買龍井茶，但會後悔為什麼買那麼多。

　　這兩個地方我不只去過一次，然而每次的感覺是他們的技術似乎又更爐火純青！當我們說大陸從非常共產主義發展到最近一、二十年的社會主義或資本主義時，資本主義社會所發展出來的先進理論與思維似乎都被他們充分採擷、創新並發展得淋漓盡致。大陸每個地方各

有其特色與不同產業，因此可以提供給消費者的最終產品會有所不同，然而其運作模式與蘊藏的內涵卻是一致的。從上述兩個例子可將其運作模式概化為下列幾點共同特徵：

1. 有系統、有組織的安排介紹內容、流程與達成結果（購買）。
2. 專業的解說人員（本科畢業）。
3. 形塑良好氛圍與體驗情境。
4. 反向式與專業化形象的行銷。
5. 以知識為導向。
6. 故事化整個價值鏈。
7. 認證及國家保證讓消費者買得安心。

飛機抵達國門的同時，看到了一些大陸的旅行團，這些初期來台的大陸觀光客大多是大陸金字塔上層的人。比較兩岸的觀光市場，單單杭州這一個小地方，一年觀光客就超過 3,000 萬名，台灣一年只有 300 多萬名觀光客（2014 年近 1,000 萬），而觀光對現在產業嚴重外移及不景氣的台灣是非常重要的。因此我們必須端出好的牛肉，才能達成台灣要發展觀光產業的可能，而設計好的基礎建設、配套措施、專業養成及認證制度，似乎關鍵著台灣觀光業發展永續的可能性！

（蔡淑梨，原載於《工商時報》，2006.07）

Marimekko 是北歐的設計品牌，有服裝、傢飾、家具，色彩大膽豐富，喜歡自己裁剪的顧客（maker）還有布料供應，永樂市場、台南大菜市至今也仍然有傳統布莊，讓能自製裁縫者可以去選取必要的布料，時裝成衣業在人類歷史上是非常近代的事。

溫哥華一家專門賣羊毛（Cashmere）的店（Blackgoast），在北美設計，在外蒙古取材、製造，也只在溫哥華開二間店，不求規模，但品質、設計精緻、顏色豐富、商業空間設計，都能吸引在地或觀光客的選購，沒有夕陽產業，各行各業都有隱形冠軍的中堅企業。

西陣織是京都紡織的特色之一，展示中心除有定時的和服走秀之外，也有織布機的展示，和服、飾品紀念品的販售，是參訪京都的標準行程之一，以傳統特殊技藝呈現地方特色，爭取觀光客的行腳，是傳統紡織重鎮的策略之一。

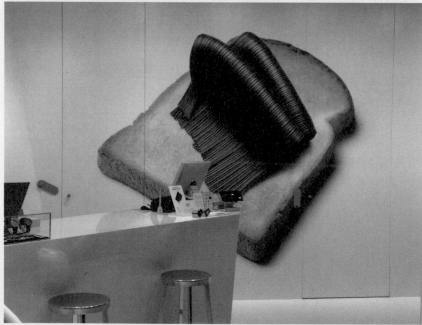

芭比娃娃，每個小女孩的偶像與玩伴，激發女生時尚的想像，陪伴大家至今超過五十年了。目前要和很多「數位」的競爭者搶奪新人類的「注意力」，線上線下的活動都不可缺。三宅一生的門市裝飾秀色可餐的巧克力意向，因創意和質感都到位，有將設計師的特殊布料發揮跨界的應用。

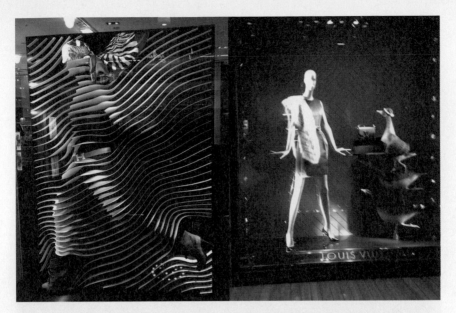

精品時尚店是貴婦奢華的消費，還是色彩美學的創新提案？活潑的櫥窗設計是都市有趣及逛街養眼不會無聊的主因，也在不斷優化的設計中提升了一般人的美學品味。各精品名店的櫥窗設計，通常都很用心經營其特色。

在「穿戴式裝置」還未成為熱門話題之前，2006 年政大科智所在「未來發生堂」第三次活動即以此主題開了一天的工作坊，並邀請台灣紡織綜合研究所來做攤位展示。未來想像可以即早開始，科技的使用情境想像是創新成功重要的關鍵。

台灣的藝術家各類達人在崗位上無怨無悔深入自己的技藝，論述自己的作品，賞析及消費人口也要不斷地提升。產品設計師設計的茶杯、茶壺，更是要真的以滾水泡茶，沖出茶的特色，那設計師對不同茶葉的理解及品味要多深入。

文博會邀請法國服裝品牌與服裝零售經紀人來分享國際經驗，時尚趨勢是多元在發展，定位及價格的光譜很寬，和買家、消費者溝通與通路，線上線下都需要，穿著民主化，不一定非名牌不可，也給韓國、大陸設計師自創品牌很多空間。

5

形塑未來的發生

Sensing the future

看見與看不見的弔詭

　　齊柏林的《看見台灣》，以罕有的「高度」，帶大家重新認識我們所賴以生存、生活的山川、河流、大地。這許多「美麗或哀愁」的自然與人文地景，不論我們「看見」與否，都與我們同在。只是這些鏡頭呈現了我們平常「看不見」的台灣生態環境，讓大家有所反思。

　　現代社會資訊發達，網路上鄉民隨拍，YouTube 也可快速傳播許多影像，但還是有很多我們平常「看不見」的地方。就像我們也「看不見」電鍍廠、半導體封裝廠，廠內有毒、有害的廢棄物及排放裝置；也「看不見」各種食用油桶內容物的來源、品質等。米、茶葉、蔬菜、水果的純淨程度，上市食品的安全，是誰的責任？

　　一個社會的共識應是大家做事有一定的準則，不會亂來、不會違法、不會黑心，因此在食、衣、住、行的「安全性」上我們不會有什麼顧慮。但台灣最近令人不安的事情一再發生，是我們所相信的基礎有了問題，還是新聞誇大了少數例外？平常新聞媒體也很認真去採訪「一步一腳印」，各地的平民英雄，認真好吃的餐飲、夜市及攤販，協助我們「看見」平常不易看到的台灣。

　　《看見台灣》鏡頭下的台灣其實是「選擇過的」、「剪輯過的」。我們「慣行的」思維模式，以及我們的社會制度、管理模式，有些事情註定會被我們忽視掉。不可見性（invisibility）包括物理上的、政

治上的、或行政上的，它們會系統性地被忽視，不在我們衡量模型裡
的變數，通常也就被視為「不存在」。

貧窮的系統不可見性

2013 年政大「創新與創造力中心」慶祝十週年，舉辦了一整天
「社會創新與社會企業」論壇，加拿大多倫多大學 Joseph Wong 教授
的主題演講 "Poverty, Invisibility and the Imperatives of Social Inno-
vation"，提出了貧窮在社會上的「不可見性」。從政治社會學的角
度來看，世界上每天收入在 1.25 美金貧窮線下的人口，從 1988 年的
16 億，到 2008 年降為 13 億。二十年前絕大部分的貧民集中在低所
得國家（93%）；二十年後低所得國家因農業、工業的發展而快速脫
離「低所得」。但中所得國家卻因分配及再分配的不平均，反而增加
了貧民，2008 年全球 13 億的貧民中有 9.5 億在中所得國家（70%）。

更嚴重的是，他們反而更難被看見。因 20 世紀以來，不論是資
本主義社會或福利國家，都注重正式部門、體制內可被衡量的部分。
當社會上產生「非典型」的失業、「非典型」的貧窮時，統計數字很
難捕捉到他們。印度已進入中所得國家之列，但其貧民卻有增無減。

在南美洲有五成的人口是在非正式部門工作，亞洲及南亞有七成。非正式經濟、非正式就業都非商管學院有興趣研究、討論的議題，因其數據難以取得、難以衡量，就難以被檢討、被正視。

在管理學院我們習慣從一個公司的報表去了解、審視一家公司，但鮮少能實地去了解其實際運作。絕大部分的人都無緣看過其工廠現場、廢棄物／廢水的處理，其員工訓練、員工福利、董事會的運作、業務談判殺價的現場。我們就依賴報表、個案庫裡的描述與資料，加上一些新聞、媒體、雜誌的報導，就形成了我們對該公司的認知。

即便對統一超商、王品、麥當勞、迪士尼之類，我們比較熟悉的零售現場，我們也不容易了解其公司真正「產、銷、人、發、財」的運作。但「紙上談兵」成為我們學習的方式，即使個案撰寫者或許會親訪經營者一、二次，或到營運場所一、二次，但他們能「看見」其全貌嗎？透過這樣的學習，我們以為我們會做「企業研究」，可以為其做評價，但我們真正「看見」的是什麼？

洞察的力量與培養

如果真能理解企業的運作及關鍵決策，我們會錯估各種情事嗎？

會無法「預見」日月光「多面向」的績效表現？會「看見」宏碁、HTC 今日的困境嗎？如果我們連在台灣的企業都「看」不清楚，那大陸的阿里巴巴、小米機、康師傅，我們「看得見」嗎？同樣地，我們也看不見微軟、蘋果、亞馬遜、臉書的公司運作，但我們似乎「理解」他們多一點。

因此，「看得見」與「看不見」的本質是什麼？「資訊揭露」的方式或資訊的真實度？由誰來揭露或撰寫（encoding）？我們對資訊解讀（decoding）、還原真相的能力？至於是否實質上「看」到，可能不是關鍵。即使「看」得到，我們還是有很多「視而不見」的事物。反之，那些能創新改變世界的人，多是能「見」人所「未見」，這種洞察能力（insight）要如何培養呢？

環境、貧窮、企業是這樣，那政府呢？政府公部門行政、司法、立法二權，照理說都是攤在陽光下，可公開地被「看到」，但事實上是這樣的嗎？有多少「看不見」的層面？最近就有「開放資訊」（open data）的許多討論；有「零時」政府的推動；洪仲丘事件讓我們「看到」一些原先「看不見」的軍中操練、懲處的過程；「1985 行動聯盟」在極短的時間內動員 25 萬人的能力，至今也沒多少人「看」得懂（什麼事件才能複製）。但它的標誌，那顆淌血的眼睛發揮了公民正在

「看」的震撼力，但究竟能「看見」什麼？被看的人、組織有真的在意嗎？在反省嗎？

　　溫世仁、溫泰鈞父子成立了「看見台灣基金會」（I See Taiwan Foundation），取其諧音「愛惜」，願景為「成為世界認識台灣的重要窗口」。齊柏林的《看見台灣》也會是該基金會想要給世人看見的「台灣」嗎？

（溫肇東，原載於《經理人月刊》，2014.02）

值得探索的未來中心

六年後最重要的十項工作今天還沒出現？

今天有哪些工作是六年前沒有的？

你的組織將比較多的注意力花在跟隨新興趨勢還是創造趨勢？

你的員工善用創造力與創業精神在工作中，還是其工作之餘？

你的組織重視未來嗎？員工想的未來是明天？還是下一季？還是明年？

你的工作六年後還存在嗎？

你的部門六年後還存在嗎？

你的組織六年後還存在嗎？

你的員工害怕未來嗎？

荷蘭是各國政府當中最早意識到未來想像的重要，而責成各機構內須成立「未來中心」，對未來要有些研究，以因應未來的不確定性。

「未來中心高峰會」從 2005 年第一次在荷蘭阿姆斯特丹舉辦，就在不同的未來中心進行活動，分享他們經營未來中心的經驗。我曾參加第二屆在義大利達文西城舉行，於托斯卡尼鄉間的溫泉區、比雅久車廠、達文西的故居、圖書館、戶外雕塑的花園等不同情境，由來自二十多國的五十位代表分享交換他們對未來探索的各種經驗，印象非

常深刻，舉辦會議的場域安排和主題內容一樣重要。

2009 年在瑞典舉行；2010 年在日本舉行，由富士全錄贊助。這個社群主要的核心成員包括瑞典的 Edvisson（也是智慧資本的專家）、荷蘭的 Hank Kune、以色列的 Ron Dir、義大利的 Paolo Martinez 等，社群也是以這一小群成員為核心。

他們最近集結了這個社群的一些論述，出版了一本名為「Open Future」（開放式未來）的報告。在「未來中心」尚未有嚴謹定義之前，他們歸納了到目前為止各國未來中心的一些「共通原則」，包含：使用空間來創造所希望的效果，如設定舒服區、不舒服區、挑戰區、愉悅區、安全天堂等心境（mindset）空間；藉此了解及驅使群體動態，及人們在各種情境下如何反應；試著在創新歷程的不同階段進行各種實驗；激發創業精神；激發創造力；協助人們進入可能的未來情境；從過去學習（類型辨識）；從現在學習（情境 mapping）；從未來學習（未來情境、預期式學習）；記錄智慧資本；將永續發展的原則應用在組織問題中。

從這些原則可以看出未來中心大致的輪廓，那未來中心和傳統的研發中心、創新中心甚至最新的生活實驗室（living lab）有何不同？又有何相同？

　　「研發中心」通常指的是前瞻導向，科學與技術研究長期的活動，當然事業部的研發可能是比較近期和下一季或明年的產品或技術相關。

　　「創意中心」則是用來產生或發展創新的點子，但通常並不刻意去執行這些創意，但「創意的問題解決」，也是未來中心工作的一部分。

　　因此未來中心的重點包括問題界定（Framing）、雛型化（prototyping），將結果付諸實驗，並使其學習成果讓更多單位容易取得及學習。

　　「生活實驗室」重點則強調以使用者為中心，於實際的生活與工作環境中，來共同創造及測試科技、產品或服務，尤其是服務。系統較難在實驗室中測試，或只用模擬的，在實際田野中才能發現更多服務界面的問題。

　　許多新興的事物或概念，甚至革命都是由一小撮人從一個邊陲地帶開始。未來中心的核心成員有一個比擬：1415 年在葡萄牙薩格雷什城有一群智者為亨利王子所延攬，透過想像與創新，他們促成了葡萄牙從陸地轉向廣大、開放、遼闊的大西洋，因而發現北美新大陸，開啟了大航海時代及之後的世界歷史。

　　今天這個未來中心的社群，會開啟什麼樣的天窗，突破地球資源、能源與氣候變遷的限制，讓人類再次發現什麼樣的未來？還有待觀察。

　　台北的未來一樣充滿挑戰，科技、產業、政治、社會諸多不確定的因素讓不同世代的人有不同的不安。但在台北談未來似乎是一個禁忌，領導人不談、學術界不談，企業界大家都很務實，談三到五年都會讓人覺得很奢侈。在較具體的層面，民生東路資訊會創研所樓下有紅色大英文字的「Living lab」，宣示仁愛路原空軍總部也將引進「生活實驗室」，有別於傳統的科學園區，而是需要使用者、消費者參與在生活中實驗的創新研發。

（溫肇東，原篇名〈未來中心〉，載於《經理人月刊》，2010.05）

發言權 取決溝通世界的能力

前東京大學校長、現任三菱總合研究所理事長小宮山宏（Komiya-ma Hiroshi）曾提出日本在許多方面的發展，其實是領先於國際的，但日本是否有勇氣站出來，成為已開發國家中「議題的先進國」。

日本顯然面臨一個歷史的轉折點。過去日本在政治與經濟上，的確在產業的前瞻性研發與國家競爭力有卓著的作為，在80年代橫掃美國市場而獲得「日本第一」的殊榮。但是，90年代之後日本多年來經濟低迷，加上中國與印度的崛起、歐盟迅速整合，它在許多產業發展上的光環也逐漸褪色，長期處在成長瓶頸上，無法大步向前。

掌握議題的先進國家

相較而言，英國也曾經是日不落國，在「大不列顛邦聯」的瓦解及歐盟的整合下，漸漸失去其強國的優勢。然而它在創新、教育、文創等領域，依然擁有引領風潮和發表議題的能力，在歐洲、甚至世界上仍具有一定的影響力。國際間不時仍會關心英國怎麼看待這些重要的議題，而日本長期以來卻經常扮演追隨者的角色，少見搶得第一個發言權的位置。

日本其實對於前瞻社會發展，至少在兩方面已經有一定的成就。

第一，日本對於「高齡化社會」的主張與創新發展，已經有長足的進步與突破，日本不是一個移民國家，國民身體健康、不需看護照料的銀髮族約佔高齡者的八成，而這八成依然具有雄厚的消費力與基本生活自理的能力，因此日本向來非常積極研發這些老人生活的需要，以及相關的銀色商機。

例如：一般高速公路的設計當時是針對中產階級上班族所設計的，但是隨著高齡社會的發展，未來高速公路的道路號誌設計，都需要多考慮 70 歲以上的駕駛，如號誌可能必須更大、更明顯，警告標誌必須更早顯示與提醒，或是汽車本身的儀表板、車燈亮度、油門和煞車設計等，都要考量銀髮族的反應速度與視力需求。這就是一種「通用設計」的概念，要滿足所有的使用者的使用情境，而不是只關注在年輕人或中年人的需求。

我認為日本很有條件在這方面帶領全球思考銀髮族生活設計的提案，可以大膽的跟世界宣示：我們就是這樣主張高齡化社會的發展，包括相關的設計與情境想像等云云。

第二，目前溫室氣體、全球暖化已成顯學，而日本許多廠商包括 Toyota 等企業努力研發電動車及其營運模式，也積極進行 Green IT 的發展，在此全球關注的研發趨勢中有所領先。雖然歐洲很多國家也

進行相關的發展，但是由於日本更以人為本，對於相關需求與服務的配套做得較徹底，在全球環保議題上應可更大膽地引領風潮。

或許是語言的關係，或者亞洲人重視和諧甚於表現的心智習慣，日本或許忘了自己早已經取得先機，不太敢作第一砲，把許多發言機會依舊讓給美國等國家。日本是一個造物大國，也是服務大國，不僅在汽車業等製造業發展出色，也在零售服務業上有其獨特的細膩感。像便利超商、百貨公司、東京迪士尼樂園等最為人稱道的日本服務業領域，主要服務的對象是針對一般大眾，以五感體驗去感動一般消費者的貼心服務。

然而，細究日本的製造業卻沒有發展出像飛利浦、IBM 這些朝向 B2B 服務業邁進的大型企業。許多以製造起家的企業，如豐田、新力，依舊以設計造物為核心發展，儼然認為這才稱得上是日本的國魂；而對於 B2B 這塊領域的服務業卻發展有限。

勇於表達 勇於發聲

有位日本友人認為，日本的劣勢在於不擅長以英語向全世界溝通，雖然日本新一代的留洋學生，也接受了西方教育，並且力圖回饋

到日本本土企業。然而西方擅長的商業化能力與敢於發聲的行銷素養，少數年輕留洋的「海歸派」，在日本這種大企業立國、不鼓勵創業、重視群體價值的組織文化中，發揮依然有限。但小官山宏認為這不只是表象的溝通鴻溝，真正的溝通是在於勇於表達、勇於發聲的民族文化課題。

曾有中國媒體問我，何以外商 CEO 空降在中國管理處處受限、屢見失敗的案例，可是台灣的張忠謀、宏碁的蘭奇就曾成功統馭台灣的員工，是什麼原因？事實上，台灣引進西方的生產管理、品質管理從 1970 年開始發展，經過早期電子業，延續到後來的個人電腦的操練，可說和西方管理思維緊密接軌，而大陸的生產製造（台商除外），多半仍以國營企業為大宗，整體生產體系尚未能消化西方的管理制度，少數空降的西方經營者當然很難推動整體管理的提升。

台灣應該認真思考自己在哪些領域仍具有發言權，可以真實反映台灣在研發與創新的優勢，在整個華人市場趨勢的發展中找到更合乎我們的定位。舉例來說，我們懂得流行時尚，知道華人世界獨特的生活品味，也了解周杰倫、阿妹的魅力與價值是如何成形與包裝促銷。

在大眾文化的形塑上，只有台灣才能詮釋得周全，以細膩的方式去建構這流行文化的生態。也只有我們才懂得如何推出像誠品書店的

文化風格，這些內涵是中國非常嚮往，卻無法快速複製，所以特別值得我們珍視的台灣經驗。

當全球愈來愈好奇華人商業生活的新風貌，與下個階段追求的新品味，台灣可以站出來提出創新的主張，這應是中國會感到有興趣的答案，也是全球熱切希望知道的，值得大眾思考。

（溫肇東，原載於《創新發現誌》，2009.09）

追記：這篇文章寫於 2009 年，之後日本、台灣、中國大陸各自有一些發展和變化。2015 年 3 月到上海一遊，正值「亞投行」為頭條新聞，中國中央電視英語台整天和世界在溝通，主持人和政府或財經專家，以流利的英文輪番上陣和世界各國的專家學者對話、辯論。亞投行這個兼具實力和發言權的企圖搞得美國很不高興，但也無可奈何。台灣有沒有需要發言的意識？新加坡雖小，但可以在特定議題和領域發言，他們也做得比我們好。

時間與空間的辯證

　　最近有很多行業都有提供微創業，共同工作空間（co-working space）的出現，這是一種新型態的育成中心或加速器，和過去育成中心的經營有所不同。在政大金華街公企中心的「創立方」，以每張桌子每月 3,000 元的方式已租出去 150 張桌子，吸引來自交大、台大、HTC 或聯發科的創業者，網路創業的「app works」在基隆路也提供了類似的空間，前後六期，也招收了超過 100 個團隊進駐，加速育成。在當今網路或雲端的時代，很容易以「輕資產」的精實創業（lean startup）方式啟動新事業，和過去幾波科技創業的育成顯然有了典範的移轉。我看到最大的差異點是經營的重點「從空間移轉到時間」。

　　過去的育成是強調提供創業團隊一個相對便宜的空間，加上可以和經營母體組織（如工研院或大學）的技術或管理有些關聯，可得到一些輔導或顧問，在過去台灣因各種原因大部分進駐廠商得到的附加價值並不大。但在共同工作空間則主要是在其中的共同活動，相互取暖成長的過程，因此每個月、每週有固定的節目安排，變成是關鍵。

　　過去國外較成功的傳統育成中心，其經理多半是 4、50 歲，創過幾次業（可能成功，可能失敗）或有相當的業界經驗與人脈關係，因此能幫進駐的廠商找到必要的資源。另一方面母體機構相關的理工教

師、商學院的學生都以育成中心的個案，做為他們實習的「第二課堂」，進駐廠商也得到這些便宜的資源，來驗證（validate）其部分概念或營運模式，邁向下一個里程碑。但在台灣現有體制較少能做到類似的加值。

在新型共同工作空間／加速器內的團隊可能處於更早期的創業階段，因此他們需要更密集的協助，也更需要團隊之間的互相取暖。而共同工作空間的低門檻，以桌子為單位，正好符合其需求。大家在相同的空間工作、成長與學習，但重點還不在空間，而是共同時間及活動，這就是經營共同工作空間者的首要任務及創意。

蚊子館是因為不會經營「空間」還是「時間」？

換另一個場景，不知各位多久沒去過中正紀念堂。在其廣場、公園及迴廊內，從清晨、黃昏到深夜，可以看到不同族群在利用。黎明天未亮就可看到不同年齡層的人到公園來打太極拳、做體操、跳土風舞，接著早上有各種國樂器及吊嗓子的小眾戲迷、樂迷，大部分是上了年紀的人，少數有少、中、青在傳承。白天又有各社團在此練習，鼓隊、樂隊、旗隊、傳統民俗，包括七爺、八爺、三太子等，好不熱

鬧，不時有各種臨時的展演或市集，晚上有戶外音樂演唱會。總之，同一個空間，但在不同的時間，可以有不同多元的活動。

　　華山文創園區、故宮博物院、百貨公司、小巨蛋，或不同夜市亦有相似的議題，即在不同的時間帶或不同的季節，這些空間都會有各種有趣、有創意的活動在進行。以華山為例，從二年一次的簡單生活節，到每年的新一代設計展，到每個週末的創意市集，每週在 Legacy Taipei 傳的演唱會，到每天都營業的餐廳，加上不定期的展，編織成整個園區的形貌，松菸文創園區亦同。

點、線、面的觀點與格局

　　北市觀傳局羅列了台北市 101 個觀光的亮點，當我們談到「亮點」，是中正紀念堂、士林夜市這樣的「點」，還是中山北路沿「線」，還是永康街或光點附近的巷弄、商圈。它可能是一個「面」，可能也有最適合的行徑路線；即使是「點」，什麼時間去觀光最佳，如前所述中正紀念堂，除了紀念館宏偉的建築、或內部的展覽，整個戶外的空間加上兩廳院，不同的時段，會有不同的景象。有些景點白天去較佳，有些一定是晚上（如夜市），有些甚至半夜更佳（如晚上 11 點

誠品書店還是客滿）。因此當我們想到景點或空間時，其實是有時間的面向的。

《城市密碼：觀察城市的 100 個場景》一書中，二位德國年輕人對紐約市 Soho 區做了研究。在 100 個場景中，有許多和「時間」因素有關，如夏天太陽長，冬天太陽短，北半球的小販喜歡在有陽光的那一面做生意，不同人遛狗的時間，街道櫥窗的光影。空間若少了時間的面向，就少了景深的立體，少了人性的溫度，不會是意義深刻的敘事構成。時間和空間雙元的辯證與操弄，才會讓這個世界變得有趣，也能讓企業經營者不論是研發設計、生產製造、批發零售都可以反省一下你是在經營時間，還是在經營空間？

（溫肇東，原載於《經理人月刊》，2013.02）

分享與共生的企業精神

2006 年有件事讓我印象深刻，一件是鴻海郭台銘先生在今年的尾牙捐出 400 張市價約 3 億元股票，送給雲門舞集等二十幾個有理想及關懷社會理念的慈善機構，使其在慘淡經營的日子裡能持續堅持下去。

3 億對富可敵國的郭先生是小事一樁，但該事件有意義值得彰顯之處，是「分享與共生」的精神及間接培育延續台灣藝術、文化與美學的作為。不是每個有錢人都樂善好施，也不是每個樂善好施的人都能夠有智慧地發揮影響力，讓其他人共襄盛舉；郭台銘先生讓鴻海的同仁們也能將財富分享回饋成就他們的社會，如果這舉動能產生「蝴蝶效應」，你能想像一個充滿善心的社會，會不美嗎？畢竟真、善、美、聖不是懸掛在課堂的招牌與標語，它是生活中一點一滴的實踐，就如同美學，其最終目的也是必須體現在人們的日常生活中。

閱讀與生活的博物館

另一個案例是「誠品書店」——「感動」是我第一次到誠品旗艦店的心得，誠品結合了人文、藝術、創意與生活的元素，將 100 萬冊的書籍，分別陳列在 3,000 坪、共四個樓層的書架上，創造了台灣書

市的 101。我的感動來自於吳清友先生的格局。

1960 年哈佛學者李維特（Theodore Levitt）的《行銷短視症》（*Marketing Myopia*）一書曾指出：「事業的大小、廣度、深度，端看如何定位自己」。誠品從不以書店定位自己；相反地從他早期將事業定位在「推廣閱讀」，到「激勵文化創意產業」，到現在的「創造閱讀與生活的博物館」。在吳清友的事業版圖，一直都有很大的想像與創意的空間，只要與文化創意、美學經濟及體驗經濟有關時，皆可作無限延伸。

我的感動另外來自於他的理念與堅持，在寸土寸金的區域中，誠品大量的留白空間，讓讀者優遊於寬敞舒適的環境中，並將音樂、繪畫、藝術與建築等元素，透過視覺、嗅覺、聽覺與觸覺等元素，將體驗經濟表現得淋漓盡致。也因為這些有質感的實材、不吝嗇的留白、規劃及空間設計，並以極簡但溫馨的感覺呈現，因此是一個閱讀與生活的博物館，也是一個令人讚嘆的聖殿。

企業界能有這樣的格局與企圖心，對台灣的影響是深遠及長久的，誠品書店的創新除了不局限自己的事業模式與理念外，也跳脫一般連鎖店依樣畫葫蘆，模組化不斷複製的經營模式。

規模經濟與深度經濟的翻轉

　　或許，連鎖專家會認為這犯了連鎖經營的大忌，因為將無法達到經濟規模所省下的成本。這是從外在有形的投資（如店的裝潢）來判斷，然而連鎖書店經營的核心應是由其經營管理，即價值鏈的每一環節（如進貨、庫存、IT系統、人員訓練等）的掌握來決定。與其說誠品旗艦店6億元的投資是過度且違背連鎖經營，不如說是對打造品牌與企業形象的投資。誠品不把讀者當消費者，而是把他們當人，並用人的方式對待（好的音樂、空氣、燈光、濕度、溫度、舒適的桌椅等），充分掌握知識經濟時代消費者至上、以人為導向的精神。

　　雖然財務管理的開宗明義，認為企業的目標是在賺錢，但企業家賺錢只是實踐社會責任的一部分，重要的是，能否同時蘊涵人性關懷的理想與夢，才是決定他們如何帶領企業及能讓企業走多遠、多大的重要關鍵。

（蔡淑梨，原載於《工商時報》，2006.03）

創業素養從小扎根

在《創新與創業精神》一書中，彼得·杜拉克指出創業型經濟時代已經來臨，他觀察從 1970 到 1985 年《Fortune》500 大公司共流失了 650 萬個工作，不過在此同時，新興的企業或中小企業卻創造了 4,000 萬個工作機會。美國在 90 年代，以每年 60 萬家的速度成立新企業，是經濟繁榮的 50、60 年代的七倍。

全世界有許多國家將創意與創業的養成和教育掛鉤，例如英國在 2004 年起規定 14 到 16 歲的學生，每年至少要上一個星期創業的課。擁有北海油田的挪威，國民所得 3 萬多美金，在過去從來不曾擔心工作問題，不過他們也警覺到未來會喪失十幾萬個工作機會，因此有些教育學者認為如果教書還停留在教十年、二十年前自己學習過的東西時，這些學生畢業後將找不到工作。因此老師有責任教育學生們不同的知識、技能及創業精神，而且是愈小開始培養愈好，讓他們未來能「創造工作」而不是「找工作」。

不要成為藍眼睛的阿拉伯人

挪威並不以他們擁有北海油田為靠山，相反地，他們有危機意識，其具體作為是在小學就設立創新營（innocamp），讓這些被選上

的小學生練習簡報技巧、elevator pitch、創意競賽等活動。由於挪威過去沒有什麼創業的氛圍，因此他們也積極在大學內設立創業學程，然後讓這些學生到創業非常興盛且競爭激烈的上海親身經歷，當然老師也跟著去學習。日本也在 2001 年提出平沼計畫，希望在 2004 年能有 1,000 家大學衍生企業（Spin-off），2004 年時日本不但圓滿達成這計畫而且還超過預定數目。

　　一向不強調創業的新加坡，在國立新加坡大學的作為中也可清楚看見對推動創業精神的企圖心。在其組織中，除了研究、教學、行政外，還設有所謂的企業（enterprise），舉凡和生意有關的，如推廣教育、出版、科技移轉、創業資金、育成中心及創業中心皆歸其管轄。而其育成中心和台灣育成中心的營運模式大不相同，新加坡將育成中心擴展到世界各地包括矽谷、費城、斯德哥爾摩、上海等，並結合學生海外交換的課程，將學生送到散布世界各地的育成中心，成立所謂「海外學院」（Overseas College），學生在育成中心親身參與外，再到附近的學校修課。這些先進國家，在教育方面不但有計畫地進行創意與創業相關的推動，更重要的是他們互相串聯，交織出綿密的知識及資源網絡互相卡位。

跨領域 跨科際 跨國界

　　瑞典最好的工學院 Chamlers 每年有 1,000 個學工程的學生，他們在 1997 年時設立創業學程，透過性向測驗、人格測驗等篩選這 1,000 多個學生中適合創業的學生，讓他們進入學程，並在育成中心研發新產品，畢業時他們將同時擁有工程及創業雙碩士學位；除此之外，Chamlers 也和附近醫學院設立生物科技創業學程；而在斯德哥爾摩的經濟學院、設計學院及醫學院間，更進行跨校合作成立創業學院。

　　台灣這幾年雖認知到創意與創造力的重要性，不少單位爭取到動輒百萬或千萬元的預算，不過大都以創意競賽方式進行，較屬於對環境刺激的被動反應。不若本著長期養成耐心、經管、照顧及灌溉的挪威由根扎起、積極主動（proactive）的作法。相對於前述先進國家的扎根作法，一旦進入「世界是平的」趨勢中，人才無國界的浪潮一到，台灣的競爭力很可能就在這一來一往中消失，有關單位不可不關注！

（蔡淑梨，原篇名〈創業素養從基礎教育扎根〉，載於《工商時報》，2006.03）

社區文化的巨大潛能

　　台灣自 80 年代經濟開始快速成長，文化的發展漸漸脫離以國家力量強制主導的國族主義，呈現在地的特色。在國族主義下的文化發展，主要以國劇、國樂、國畫、國文與中國文化的保存與發揚為主，著重精緻藝術和都會上的需求。

　　由於在這個時期大多數人民普遍以拚經濟為主，藝術與文化屬於社會的奢侈品，是上流社會附庸風雅所享有。直到 1993 年去中心文化的產生，開始社區總體營造運動，將藝術與文化漸漸深入地方與社區，並透過文化藝術獎助條例，設置公共藝術，強調文化的市場性與經濟價值，話雖如此，然而該時期藝術文化與產業仍然還有非常大的界線。

一方水土一方人

　　台灣是個海島型國家，資源缺乏、市場狹小，長期以來，一直以製造出口為導向，大多數的政策與思維，皆是以如何在國際市場上銷售及保有競爭力為前提。

　　然而台灣因為有利生產因素移轉到鄰近開發中國家，過去以製造為主的優勢漸漸被取代，因此朝微笑曲線兩端（創新及品牌）發展，

成了必然要走的路。然而創新與品牌需要長時間及大量資源的投入，不是一蹴可幾，加上消費者意識抬頭，中間的過渡需要較具有特色的產業來支撐，而文化正是獨一無二的資產。故在 2002 年時政府提出「文化創意產業發展計畫」，文化藝術思維開始考慮經濟生產與消費者的關連性。

在此前提之下，各方人馬努力研究找出能振興台灣經濟，增加就業人口的文化創意產業，主要分為三大方向：文化藝術核心產業、設計產業及創意支援與周邊創意產業。他們不但希望這些產業能解決上述問題外，同時也能不斷延伸複製，向國際進軍。

固然全球化經濟的發展，使得多國籍企業不斷膨脹，造成城鄉差距加大，然而換個角度來看，若能回歸在地發展，建構不可替代之地域特色的內發型經濟模式，將傳統的地方產業，透過一個活化社會營造的過程，進而轉化成新的地方經濟。如此一來讓我們的故鄉、小鎮及城市能夠驕傲的展現他們獨有的地方特色，吸引各國觀光客來此一遊的衝動。

發展這種有特色的內發型經濟，在社會營造的過程中，不同的地域需懂得「自我學習」，進而「內發」培養「活化」的力量，對國內經濟、就業及提升島內人民的生活品味、創意文化及美學素養，所產

生的影響與貢獻，將遠大於機械複製的「文化工業」所賺進來外匯。
尤其是最近連戰訪問中國大陸時，中國政府宣布多項利多，包括開放
大陸人士來台觀光，有了這些基本觀光人數，將能支撐內發型經濟的
發展。

從務實到物虛

台灣產業由傳統農業社會「以噸計量」的時代，發展到「以斤計
量」的工業製造產業社會，「以克計重」的電子製造與服務業，及到
現今「無重量」的創意、資訊、流行產業。過去我們以賺取大量外匯
為主，用掉太多的社會成本，全球化的結果講求規模經濟，規模經濟
導致標準化，全球同質化，過度生產及資源浪費。因此以人性尺度去
中心化、小型化及在地化，並運用在地居民的智慧、創意與意境，不
斷的發掘、確認、創造和保存地方的產業與魅力，將造福台灣，也能
滿足人性中深層的需求。

不過，這一切誠如前文建會主委陳其南教授所主張，必須遵守地
方原有條件，挖掘地方真正需求，掌握地方社會、經濟、文化體系的
特質，運用地方資源，採用適當設計（appropriate design）理念，呼

應地方資源與技術條件，才能有效成功地創造地方創意文化產業。如此一來 2004 年所提出的「文化公民權」運動，希望全體公民提升文化藝術與審美資源，並共同承擔、支持、維護與發動文化藝術發展，才有進一步落實的可能。

（蔡淑梨，原篇名〈區域文化也能產生巨大經濟力量〉，載於《工商時報》，2006.04）

透過騎蹟 創造生活大國

「第 23 屆台北國際自行車展」圓滿落幕，南港的會展中心盛況空前。這次展出的重點包括整車、零配件和電動車，我也受邀主持其中一項論壇，和來自歐盟、北美、大陸與台灣的代表共同討論，在哥本哈根高峰會後自行車產業未來的走向。

自行車業為台灣的傳統產業轉型較為成功的其中一例，80 年代台灣自行車製造業十分興盛，由於元件與整車的設計與製造、自行車貿易活絡等優勢，受到海外市場的高度肯定，成為對外輸出的重要產業之一。之後新台幣升值，製造大量往大陸移動，產值一度掉落到鼎盛時期的二、三成。之後同業間的策略聯盟 A Team 成功地將留在台灣的同業轉型為高單價的產品，逐漸恢復活力。自行車公會（台灣區自行車輸出業同業公會）也從台灣區車輛工業同業公會中獨立出來，目前約有 800 多家廠商加入，因其中有一部分是貿易商身分，也從全國工業總會移到商業總會下運作。

百年產業與時俱進

這次自行車展中受到矚目的新加入者——中華汽車，計畫開始跨入雙輪領域，在綠能市場上再創新局。雖然中華汽車在汽車業的耕耘

與發展已經具有一定的地位，然而想要投入自行車產業，並非只需大筆資金投入就可以和汽車業以同樣的方程式獲致成功。汽車與自行車同樣都是交通工具，但是因為使用者所要求的品質和細節不相同，其研發與銷售策略並非大舉投資就能成為贏家，新進者必須重新歸零學習，並且利用自我優勢去發展。此外，自行車這個產業的結構是分散式的發展（decentralization），因此綜觀整個產業各家的市佔率，會發現很少有某些品牌獨大，甚至在某一市場造成壟斷的現象。以台灣的領先品牌捷安特來說，全球市佔率也不到一成。

相反的，在此一成熟且分散的市場中，以本土創新的代表「太平洋自行車」來說，以優雅的設計、高性能、高單價走出一片天，它所推出的平均車款價格高出台灣業者數倍，仍受到海外市場的肯定。另有一些廠商專攻關鍵零組件的利基市場，有的光是一件單品就可賣到約 1 萬台幣以上的價格，超過一般整車的價格，可以想見的是它們所供應的對象是 7、8 萬元價格以上的自行車。

從製造大國到生活大國

整體看來，台灣製造的自行車品質屬於中高檔次，平均出口單價

去年達 289 美元，比前年提升了 30 多美元，而大陸所搶佔的是中低階的市場，平均市價約在 60 美元左右。許多台商的大陸廠把賺到的利潤用以投入研發，以提升台灣產品的價值，漸漸往創新優勢移動。台灣在過去是腳踏車製造王國，目前追求的是成為創新附加價值高的服務大國，想要超越現狀，或者和後來競爭者有所區隔，必須從生活切入去觀察與設計，輔以 ICT 科技的製造與應用。

在行政院與體委會的推動及各地縣市政府廣設自行車專用道下，每年的 5 月 5 日是自行車日、5 月是自行車月。除了推動節能減碳、運動健身的議題外，其實台灣還有更多努力的空間：藉由自行車去行銷一種生活方式、一種態度。2007 年國人受到電影《練習曲》的感動與催化，以及巨大劉金標董事長以 73 歲高齡環島等事蹟的刺激與啟發，有很多人已經把「騎自行車環島」當作自我實現的目標之一。

台灣自行車的擁有數和騎乘率還是低於日本及西北歐等其他國家，如何運用自行車的生活型態與休閒風格創新話題、引領流行，取代更多汽機車的使用率，以改變「只會工作，不會生活」的舊思維與習慣，會是我們走向「生活大國」的重要契機。

（溫肇東，原篇名〈創造「騎」蹟 塑造生活大國〉，載於《創新發現誌》，2010.05）

城市風格需要旺盛的企圖心

　　2006 年到九州的首府福岡，閱讀到一些九州與福岡發展的相關
資料，看到這個 100 多萬人的城市有著強烈的企圖心，所想、所計畫
的都是十年、二十年以後的事，不禁讓人感慨良多。相對於 2006 年
德國舉辦的世足賽、大陸 2008 年的奧運及 2010 年上海的世博，台灣
在全球化競爭的舞台上似乎缺乏有能見度的議題。

　　福岡在日本 90 年代泡沫前期被稱為「元氣都市福岡」，當時各
大都市都衰退時，只有福岡和北九州是維持成長，讓福岡市成為僅次
於東京、大阪、名古屋之後的「第四大消費都市」。雖然距離前三大
有一段距離，但已超越區域級的二線城市，如札幌、仙台、廣島等的
消費力。據日本統計資料，全日本的人口 2006 年會達到頂峰，而福
岡的人口預計還會持續增加到 2025 年。

二線城市更要特色發展

　　福岡與北九州市都是日本十大都市，然而兩個城市相距只有約
60 公里，過去一百多年來，這兩個城市一直上演著瑜亮情結。在 20
世紀初，由於八幡鋼鐵廠的設立，北九州在人口及都市繁榮上曾領先
福岡，一直到 1970 年代福岡逐漸發展成為以流通及消費為主的第三

級產業都市，才再度超越北九州。

　　北九州由於受困於重工業的污染與產業外移，遂立志朝「後工業化」的方向發展，包括將鋼鐵廠改造成太空世界主題樂園，創新領先全球環保典範的「九州生態城」。這些轉變所傳達的訊息，可看出它們對永續發展、創意文化及生活型態的重視及轉型升級的決心。2006年3月啟用的北九州新國際空港，要和原來的福岡國際機場較量，瑜亮競爭使得九州更新創新加速，也讓九州變得多采多姿。

　　回頭看福岡的發展，福岡前幾年都市更新計畫下，保留運河且環繞舊運河而成立的「運河城」購物中心，將大型現代購物商場與大自然結合，同時引「那珂川」河水，化為貫穿六大棟商場，全長180公尺的運河，頗受消費者喜愛。另外還有九州全島的新幹線建設，也於2011年完工，新幹線的完成改善了全島的聯繫，而福岡都心的「博多車站」也效法「京都車站」的創新，進行更新再生。

　　博多灣的海埔新生地建造出一些「海之中道碼頭」、「海洋世界」、「黃金沙灘」及「海濱公園」等有特色的景點。這個人工島除了提供貨櫃廠港灣的機能外，也準備強化其生產研究機能，更規劃籌建「21世紀中華街」的新地標，來拉攏和中國的關係。

　　由於九州辦過「世界游泳錦標賽」及「世界大學運動會」，福岡

認為本身有足夠的經驗來辦奧運。福岡希望爭取 2016 年奧運候選地
點，福岡 2016 奧運的自我定位強調不只是日本的福岡，也是亞洲的
福岡。福岡若得標，投資大約會增加 1,000 億日元，對地方經濟及景
氣的影響不小。

有形建設與無形文化財並重

除了旺盛的企圖心不斷追求成長與卓越外，福岡的多元與豐富性
也是其具有吸引力的因素之一。有日本孔廟之稱的「太宰府天滿
宮」，為莘莘學子金榜題名必拜之地；全球首座專門收藏及展示亞洲
近代及現代美術作品的美術館；福岡鷹隊由大榮轉手給軟體銀行，並
在王貞治領軍下在季賽中得冠軍，這個能容納 48,000 個座位的球場
也命名為雅虎巨蛋；有 761 年歷史被政府指定為「國家重要無形文化
財」的「博多祇園山笠」盛事，包括廟會中「博多泥人偶」的達人大
顯身手；追逐山笠活動，大相撲秋原「九州場」也是每年的重頭戲。

九州土地面積和台灣相近，人口只有台灣的一半，然而除了保留
歷史文化資產外，也致力都市的更新與新地區的開發，因此能在日本
三大城之外，走出自己的特色，成為日本未來流通消費都市的典範。

福岡這些年的努力將成為未來蛻變成功的基石。

（蔡淑梨，原篇名〈城市發展需要旺盛的企圖心〉，載於《工商時報》，2006.06）

追記：2006 及 2013 年兩度有機會在福岡較長時間的居住與觀察，我們租了一間臨時公寓，空檔時候在福岡遛躂，也翻閱了一些資料。由於日本免簽證，飛行距離只要兩小時，福岡機場到市中心只要 15 分鐘，十分便捷。新蓋博多車站在造型上雖不若京都車站突出，但站前廣場、運河城及天神購物街的聖誕節燈飾也很有氣氛。運河街保留的夜市攤販，及巷弄間的各式達人料理，穿插一些頗有文創味道的小店，充分發揮一個幅員不大的二線都市，所企圖營造的風格，值得台灣六個都會城市參考。

知識經濟時代的創業契機

　　經濟的發展與社會型態變遷息息相關。隨著科技日新月異、資訊及產業蓬勃發展、國民所得日增，人們的需求與消費型態也隨之改變。從經濟價值的演進可看出早期貨物經濟時代、商品經濟時代，到服務經濟時代，甚至現今「體驗經濟」（Experience Economy）時代，各經濟發展階段皆有不同的消費行為模式。由於現今各行業競爭激烈，因此若只是模仿現有的業種、業態或營運模式創業時，必會面臨市場毫不留情的廝殺，甚至被市場現存的廠商追殺而滅絕。為了避免此種激烈競爭導致創業無法成功的局面，必須了解消費者真正的需求，進而掌握最新的消費趨勢，才能創造差異化、有價值的事業。因此本文針對「消費行為」提出四個較重要的趨勢，提供想要創業或已創業者，可以開發未被開發的市場及創造有效的新需求，增加創業成功的機會。

　　以較宏觀的角度為考量，選擇會對未來商機與產業有較大衝擊的四個較重要趨勢：體驗經濟、創意文化、奢華流行及熟年世代，此四個趨勢下會產生一些現象，對現有的產業會造成衝擊，進而產生機會與威脅。

　　茲將這四種趨勢分敘如下。

創河

體驗經濟 ：積極參與沉浸

　　體驗經濟最重要的精神在於，從生活體驗與情境出發塑造感官體驗及思維認同，其訴求的重點是「創造有價值的體驗」。Pine and Gilmore（1999）將體驗經濟分為娛樂體驗、教育體驗、審美體驗及親身體驗四種。其所劃分的象限是以消費者參與投入的狀況（消極或積極），以及體驗吸收的類型（吸收或沉浸）作為區別。娛樂體驗：屬靜態、單向之體驗，消費者靜靜感受、吸收表演者所呈現的體驗價值；教育體驗：屬動態、雙向之體驗，消費者依主動投入的情形與業者所提供的學習環境或型式，吸收新知的狀態；審美體驗：屬被動之融入體會，藉由展覽館所提供的展示方式，親近藝術沉浸美學；親身體驗：屬主動之融入體會，讓消費者在業者所創造的氛圍中深入內在。

　　現今的消費者講求酷、炫、好玩、IN，他們更喜歡融入和參與。另外，女性心思細膩柔軟、充滿創意、意志堅韌並著重自我實現，而這些特質非常適合現今社會型態的發展，若能充分發揮這些特質，將會成為女性創業時的優勢。建議女性創業家應抓住消費者注意力及留意市場轉變模式，以創意來整合生活產業之核心知識，提供具有深度

體驗及高質美感之產業，賦予產品多目標意義以提高附加價值，並針對不同客群創造不同體驗環境，觸動內在情感創造難忘經驗，充分「發揮女性特質」。

創意文化：蛋黃加蛋白

創意文化產業是以創意進行多重運用、多元需求，讓產品產生新價值。全球創意文化產業的經濟產值由 1980 年 950 億，成長到 2000 年 3,900 億，到 2011 年的 6,240 億，也是美國最大宗出口項目，超越航太、汽車、軍事，更佔韓國 22% 的總出口值，還是英國僅次於金融的第二大產業。台灣也將創意文化產業列入 2008 國發計畫，主張發展以文化藝術為核心的蛋黃產業、設計產業、創意支援、以周邊創意產業（蛋白）為輔。

創意文化產業所產生的社會價值在於投入成本低、外溢效果及周邊的附加價值高。產出不以追求生產力，但卻能促進生活品質——其所衍生的多元文化活動和產品服務，提供精緻、品味、舒適、自在、新奇的消費感覺。這對於想創業又不知道從哪裡下手的朋友們，若能抓住創意文化產業應有的精神時，會是一個很好的切入點。

奢華流行 ：風尚品牌

　　消費者對奢侈品已不再侷限於奢侈的產品本身，而可能是一種理想生活方式的追求，或是平常難得的生活體驗，或是一次夢寐以求的探險歷程。因此國際知名的品牌叫價雖然那麼高，卻能在經濟不景氣的時候仍一路長紅，就是因為他們抓住消費者最深層的需求。然而除了金字塔非常頂端的奢侈品外，新奢侈品的概念正在蔓延中，並創造出 350 億年銷售量。

　　由於現今消費者對於品質的要求日漸提高，同時也注重設計及流行，因此新奢侈品結合品質、品牌、品味，但價位卻比奢侈品低。新奢侈品改變了同類商品遊戲規則，成為消費者瘋狂的對象。因此掌握消費者內心深處需求，並透過品質、品牌與品味的結合，才能使產品價值高出同業產品數倍甚至十倍、數百倍。

熟年世代 ：消費潛力十足

　　由於醫療進步，生育減少，因此全球人口結構有高齡化的趨勢。行政院經建會統計資料公布台灣人年齡介於 45 歲到 64 歲之間者約佔

總人口數的 30%，民國 100 年，45 歲到 64 歲人口比例將增加至 38%，而到民國 115 年，將攀升至 45%。由於熟年世代的消費者也就是所謂戰後嬰兒潮，這一世代的人兼具戰後經濟快速發展的優勢及努力的成果，累積了一些財富，也較有品味，更注重身體健康。因此熟年世代衍生了非常多有潛力的商機，例如醫療保健（保健食品市場約 300 億元；抗老市場商機約 200 億元）、金融理財（保險總值將達 1,000 億元）、養生住宅（美國市場將超過 300 億元）、休閒旅遊（日本熟齡旅遊人數成長兩倍）等。熟年世代的商機是無限的，只要你有創意能提供價值、解決問題，便能創造新的市場。

邁入知識經濟時代，由經濟價值的演進與市場變動可發現產業生態體系越來越注重生產價值鏈（專業分工）與顧客價值鏈（整體服務）的整合。而從消費趨勢當中可明瞭現代新消費者講求對自我生活的掌握、注重個人、參與感高並尋求真實感。由於生活型態的轉變創造了許多不可限量的商機，其創業範圍可涵蓋食衣住行育樂各領域。因此若能將上述四種趨勢作不同的組合，融入現有事業或創意的點子，開創有別於市場上的產品、服務或營運模式時，則不但成功指日可待，同時也會有較豐厚的利潤。

（蔡淑梨，原載於「行政院青年輔導委員會專欄」，2005.09）

一群勇敢追夢的台灣年輕人

在宮崎駿的《風起》中，對熱愛飛機設計的堀越二郎，每一階段的夢境都是戲中很重要的一個梗。從小時候大量閱讀喬瓦尼‧卡普羅尼（Giovanni Battista Caproni）的書籍，日有所思，夜有所夢，夢中就出現了卡普羅尼。長大之後在設計遇到瓶頸時，也都會在夢中得到大師的啟發，直到最後設計完成，卡普羅尼還是出現在他的夢境。

於是我在課堂中詢問同學，你有沒有喜歡一件事，喜歡到在你的夢中，那個領域的人物（somebody）曾進到你的夢裡。六十多人的EMBA 班、四十多人的碩士班，大家想了很久都說不出來，一百人的大學部有位學生舉手說，他曾經夢到 NBA 球星奈許（Steve Nash），因他喜歡打籃球。大部分的同學回想夢中人物多半是自己生活周遭的人，為什麼我們的夢境就是小衝突、小確幸這麼的侷限？

有夢最美 希望相隨

2013 年是金恩博士「我有一個夢」（I have a dream）演說的 50週年紀念。1963 年那個重要的演說，揭起了美國民權運動的大旗，經過約五十年後的黑白平權奮鬥，美國才有黑人總統歐巴馬的成果。夢想是很多事情的推動力，如果沒有夢想，我們哪裡都去不了。

　　就在我擔心台灣是否沒有人在作春秋大夢的時候，2013 年 TED X Taipei「新世代啟程」的節目中，我看到一群有夢的年輕人，台灣應該還是有希望的。

　　在 17 歲時就立定志向「想加入太陽馬戲團」的陳星合，當時很多人都認為他是在做白日夢。立定志向後，唸復興劇校的他，除了強化他自己的各種身體技巧，還自己上網找雜耍的名師，這些名師的表演都在他 YouTube 的最愛當中，反覆觀摩練習。終於在 2006 年 23 歲那年，太陽第一次來台演出時，他有機會去試鏡，在激烈的競爭中，終能脫穎而出，進入太陽的名冊，但還是沒有機會演出。他持續努力，鍛鍊各種新的能耐與技巧，每年寄錄影帶去報告他的成果，太陽都請他耐心等待，四年後他才得以正式參與演出。這個年輕人的故事，從夢想、努力、堅持、到實現做到，是很有勵志作用。在現場表演時，水晶球在他身上滾動，搭配音樂優雅的節奏，雖是很內斂演出，但看得出世界級的火候。

　　第二位是今年 5 月哈雷重機車「改裝」世界冠軍的葉韋廷，他的本業是設計。他問在場的觀眾，「你上次有挑戰世界的念頭是多久以前？」所有的人都面面相覷。演講後，主持人問他下個挑戰是什麼？他說是重型機車「原裝設計」的冠軍。台灣還有多少這樣追夢的人？

　　第三位是發起 25 萬白衫軍「公民 1985 行動聯盟」的台大柳醫師，原本只是在批踢踢發文希望召集 50 人進行一場 10 分鐘的快閃抗議，卻串連起 39 名原不相識的鄉民，共同策劃 3 萬名「白衣公民的教召」，結果透過網路的連結成了 8 月 3 日「一起為不認識的人走上街頭」，且能理性地散場。白衣公民自己照亮這個社會，是一股誰都不可忽視的力量。

　　鄉民幫助鄉民的例子還有「群眾集資」（crowd funding）Flying V 的林弘全。不同於傳統創投，金額較大門檻較高，Flying V 為早期創業者或微型創意概念的驗證，向一般贊同其創意理念的網民集資，成功為一百多個團隊募集到超過 4,000 萬，活化了台灣創意的推展。

宅男鄉民婉君不容忽視

　　另一個「零時政府」則是由軟體工程師吳泰輝推動「資訊透明化」的社群，致力開發公民參與社會的資訊平台與工具。從「零」重新思考政府的角色，代表數位原生世代，以 0 與 1 世界的視野，以開放原始碼的精神，關心言論自由、資訊開放、寫程式提供公民容易使用的資訊服務，進而有效監督政府，也是積極應用網路社群的例子。

　　開場表演的 LuxyBoyz，也上台說明其創新歷程，原是三個街舞男孩，在夜店跳街舞。起初不是很受歡迎，經過一段時間研發，加上 LED「光」的創意，跳出特色。當天在現場還加上機器人及高蹺等的元素表演，轟動全場。他們也希望有機會進軍到國際舞台去表演。

　　另外還有「為台灣而教」（Teach for Taiwan）的劉安婷才 23 歲，美國普林斯頓大學畢業。在紐約工作一年後，決心回台灣，發展類似「為美國而教」（Teach for America）的計畫。讓未來的領袖菁英在年輕的時候，有機會下鄉了解偏鄉的實況，除了服務學習與奉獻外，日後成為領導人，在各方面相關的決策時比較不會有盲點。和 Jason 搭檔的節目共同主持人林以涵本身是「社企流」的創辦人，社企流於 2012 年 2 月上線，透過華文分享社會創新、社會企業的資訊，連結各地社會企業，也是年輕勇敢追夢的人。

　　這個名為「新世代啟程」的單元，讓我們看到台灣還有這麼多有夢的年輕人（30 歲上下）。他們都是數位原生代，擅用網路工具，能動員鄉民的力量，最重要的是他們勇敢追求夢想。雖夢的格局都不小，但也都能築夢踏實一步一腳印，「做到」目前的里程碑，並持續追逐下一個目標，台灣的未來是屬於他們的。

（溫肇東，原載於《經理人月刊》，2013.12）

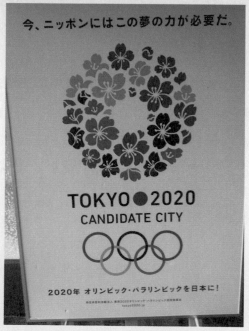

日本透過爭取 2020 奧運，規畫未來的投資和建設，申請過程中，聚集民意、鼓舞士氣，把過去有形無形文化資產和對未來的想像都用上，且在公眾空間不斷地宣傳溝通，迎向未來。

日本柏市，是一電動車實驗城市，三年前其充電站的模樣。先有足夠的車，還是先把充電的布點完成，是雞生蛋、蛋生雞的問題。

《逆光飛翔》的主角在 2012 年 TEDXTaipei 年會演出，有故事性的年輕人有機會在這個平台呈現其生命故事，感動現場及網路上收看的人，生命影響生命是社會進步的引擎，但需要透過優質的策展和設計，TEDXTaipei 已成為一個重要的平台。年會之外，每季的沙龍也都能掌握重要的議題，關心台灣的未來。

老屋活化、老屋欣力在南北蓬勃展開，各地都有一群有創意的年輕人，默默地在為這塊土地守護其價值與精神。但都需和社區及官僚和平相處，共存共榮，真正為地方帶來新元素，也實質提升當地的生活素質與美學經驗。

這是 2007 年政大未來發生堂舉辦的系列活動之一，請到了張明正、姚仁祿、吳思華、黃秉德來討論正在興起的「社會創新與社會事業」。八年後，社會企業成為全球及台灣的顯學。（全球創業觀察 GEM 2015 年將「社會企業」做為特色議題，也進行全球 70 國的調查）

中正紀念堂一天中不同的時段，有不同的年齡層、不同的族群在利用它的公共空間。有體操、有太極拳、國樂、京戲吊嗓子、鼓樂隊、儀隊的操練，還有七爺八爺的練習。華山文創園區加上華山大草原的公共空間也是很重要的組合，為何會有蚊子館？是「空間設計」？還是場館活動經營的問題？

UBike 是市區租借公共騎乘的一個奇蹟，雖不是第一個創新，但許多使用者不同的騎用方式可能都超乎當時規畫的想像，是創新使用和創新擴散很好的一個案例，也是從製造轉向使用和生活實踐的一個重要田野。下圖是在帕羅阿圖社區捕獲的 Tesla，矽谷率先採用電動車 Tesla 的人較多。「未來移動生活」還有「無人車」也在發展中，到能具體運作，有許多想像的空間。

用 APP 搞網路即時媒體 Knowing 選擇在大稻埕學藝埕創業出發，小媒體大革命，透過群眾募資徵求 90 後總編輯台，並運用「病毒行銷」數位時代的媒體翻轉。由明日青年的理念與熱血獲得一些資深天使的投資與支持，會激盪出什麼文化果實，讓人拭目以待。

川流不息

　　〈川流不息〉是母親生前最喜歡聽美空雲雀唱的一首歌，除了其旋律，還有美空沙啞的嗓子，主要應是其歌詞內容和母親一生的心境相當契合。「不知不覺的走來這條 長長窄窄的小路……就連地圖也沒有 那也算是人生……多少個時代這樣逝去 啊 像流水一般 沒有停歇……生活就像是旅行……」每個人生命的際遇、因緣，多少產業的興衰、轉折亦同，都像河水不停地流動、接觸不同的機緣、演出不同的故事。

　　文創領域看似很「自然地」走進我們二人的工作與生活中、教學與研究中，我們也隨著這個契機參與了很多產、官、學、研大大小小的活動、事件、評審、旅程。這些自然自在的過程，追本溯源其實也是有蛛絲馬跡可循。

　　從小母親常帶我去看畫展及博物館，小學時，課外除了和大陸來的俞老師學作文外，也和張祥銘老師學畫畫，在四年級時借我油畫的顏料、畫筆，畫過二張油畫，其中一張「海底世界」的想像畫還掛在中山國小圖書館，直到我高中時才拿了一張空白畫布去換回來。前些日子經過「學校美術社」，猛然想起這也是我小時候會去添購顏料、畫筆的地方。

　　初中時，記得到「國際學舍」第一次聽大阪交響樂團，那時師大

剛畢業的趙琴主持「音樂風」節目，吸引我們許多青澀少年進入古典音樂的堂奧。高中時參與校刊《建中青年》的編輯，負責主編劇場專欄，對電影非常熱衷，向比我們年長一些的學長但漢章、李信賢等邀稿。到了大學，除了本科工業工程，也在建築系聽了四年的評圖，還去聽了漢寶德的「中國美術史」和「西洋美術史」。這些點滴所烙下的印痕，也成為生命樂章中的養分。

入社會工作以後，有機會出差到各地旅行，除了一般觀光景點，當地的藝文活動也經常是我們二人的選項。在英國當訪問研究員期間，也看遍了不同的美術館與博物館。到學校任教之後，因緣際會參與了教育部「創造力中程計畫」，負責「創意發想與實踐」北區召集人的工作，邀請到很多文化創意達人到各校巡迴演講；在千禧年之後也參與工業局「創意生活」專案計畫，成為後來文創產業十五加一其中一個行業。

在研華 TiC100 科技創業競賽中指導學生團隊，2003 年提出「非茶流」的非科技類的創業計畫，隔年因此增加了「人文創新」的類組。在兩兆雙星的旗幟下，經濟部推動數位內容產業及學院，也和資策會辦了三屆「數位內容創新營」，結識許多動畫、遊戲、網路學習的高手。2005 年到 2007 年辦了七場「未來發生堂」，從音樂、出版、

移動生活、紡織、教育、通用設計到社會企業，探討面臨轉型的產業及創新的契機。

　　金融危機之後，為讓人文社會畢業生也能參與當時 22K 的就業銜接，和資策會與工研院合辦「2025 願景」計畫，讓大學生想像他們四十歲時希望台灣變成什麼樣子、需要什麼樣的產業；2009 年至 2013 年參與英國文化協會「青年設計創業家」選拔的活動，也認識了很多有國際視野、新一代的設計師與創業家。

　　除了這些活動，因研究的關係，也進行相關的海外參訪，北歐的幾個未來研究中心、義大利達文西「未來中心高峰會」，及日韓的數位內容相關企業、公協會、振興院及政府相關機構，澳洲昆士蘭創意園區及其產學合作，英國的文創之旅對音樂、設計的現場及政策考察，荷蘭花藝博覽會、瑞士國家博覽會，愛知、上海世博會，這些海外的現場經驗加深了對全球創意產業的視野。

　　在國內，華山文創園區從成立一開始，就陪著王榮文和其團隊一路走過來，當中的重要活動如村上隆藝祭、簡單生活節、TEDxTaipei 都沒錯過。「世界設計大會」及「世界設計之都」的過程，也都和主辦的台灣創意設計中心有密切互動，以一個非設計本業的角色來參與。

　　雖是在科技管理與創新研究所教書，但因上述經驗的關係，上課時很自然成為教學內容的一部分，我們的研究生論文也向「文創」傾斜，也有機會涉獵文創領域的研究與學術文獻。因此，服務、教學、研究形成的正向循環，不斷的積累與滾動，有機會寫下這些篇章。

　　最後不免俗地要感謝二位助理芛琁和麗雯，她們在整理這些篇章及照片時，付出很多心力，對封面、編輯、設計也都提供了很多建設性的協助。每一件文創作品的產生，都有無數的人與機緣在幕前幕後的牽引和支持，才有可能。本書亦然，就像每條河流都是日日夜夜、川流不息。

國家圖書館出版品預行編目（CIP）資料

創河——美學與創新的交匯 / 溫肇東，蔡淑梨著.
-- 初版 . -- 臺北市：遠流，2015.06
　　面；　公分
　　ISBN 978-957-32-7656-2（平裝）

1. 文化產業　2. 創意　3. 臺灣

541.2933　　　　　　　　　　　104009781

創河
美學與創新的交匯

作者：溫肇東、蔡淑梨
總策劃：國立政治大學創新與創造力研究中心
統籌：溫肇東、林月雲
主編：曾淑正
企劃：叢昌瑜

發行人：王榮文
出版發行：遠流出版事業股份有限公司
地址：台北市南昌路二段 81 號 6 樓
劃撥帳號：0189456-1
電話：（02）23926899
傳真：（02）23926658

著作權顧問：蕭雄淋律師
2015 年 6 月　初版一刷
售價：新台幣 350 元

缺頁或破損的書，請寄回更換
有著作權・侵害必究 Printed in Taiwan
ISBN 978-957-32-7656-2（平裝）
GPN 1010400911

YLib 遠流博識網 http://www.ylib.com
E-mail: ylib@ylib.com

本書為教育部補助國立政治大學邁向頂尖大學計畫成果，
著作財產權歸國立政治大學所有